U0508250

体验阅读系列◆体验科学

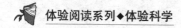

移植记忆不是梦

◎总 主 编：张忠义
◎本书主编：刘克权

花山文艺出版社

图书在版编目(CIP)数据

移植记忆不是梦：体验科学 / 刘克权主编.－石家庄：花山文艺出版社，2005.4(2021.5 重印）

（"读·品·悟"体验阅读系列 / 张忠义主编）

ISBN 978－7－80673－579－4

Ⅰ.①移... Ⅱ.①刘... Ⅲ.①语文课—课外读物 Ⅳ.①G634.303

中国版本图书馆 CIP 数据核字(2005)第 020932 号

丛 书 名：体验阅读系列

总 主 编：张忠义

书　　名：**移植记忆不是梦（体验科学）**

主　　编：刘克权

策　　划：张采鑫

责任编辑：卢水淹

特约编辑：李文生

责任校对：李　鸥

全案设计：北京九洲鼎图书有限公司

出版发行：花山文艺出版社(邮政编码：050061）

　　　　　（河北省石家庄市友谊北大街 330 号）

销售热线：0311－88643221

传　　真：0311－88643234

印　　刷：永清县晔盛亚胶印有限公司

经　　销：新华书店

开　　本：710×1000　1/16

印　　张：10

字　　数：180 千字

版　　次：2005 年 4 月第 1 版

　　　　　2021 年 5 月第 4 次印刷

书　　号：ISBN 978－7－80673－579－4

定　　价：35.00 元

目 录

打开科学之门

生物科学视野

神秘宇宙大揭秘

科 学 瞭 望

　　通向科学的大门成千上万，但开门的钥匙却只有一把——知识。让我们手持钥匙，打开科学之门，探索人类的奥秘。你会知道：人脑是什么样的，人为什么会有痛觉，我们的身体为什么会有如此多的瑕疵……

打开科学之门

紧紧抓住梦
如果梦消亡
生活就成了一只折翅的鸟
不能飞翔。

紧紧抓住梦
当梦离开
生活就成了一块不毛之地
冰封雪盖。

大脑的生长、衰老与死亡

◆ 张香桐

神经化学的研究表明：脑组织的水分、核糖核酸、蛋白质和脂肪的含量和转换率，都是随着年龄的增加而逐渐降低的。

我是从事大脑研究工作的，主要兴趣在于研究中枢神经系统的结构和功能，最终目的是想了解关于大脑生、老、病、死的过程，找出改变这个过程的可能性和如何控制这个过程。

先谈"生"。人一生下来，脑是否人人都一样？有什么因素会影响它的正常发育？应当采取什么措施，以保证每个孩子都有一个灵光的脑子？是我们大家都关心的问题。

过去的教科书上总是说，人类脑细胞的数目，一生下来有多少就是多少，以后只能减少不会增多，但近年来的研究证明并非如此。实际上脑内神经细胞的数目在生后6个月内还在继续增加。细胞增殖有一个必要的条件，就是必须有蛋白质和核酸的充分供应。因此，婴儿在产前或产后6个月内，如果营养不良，其脑细胞的数目，就必然要减少。在怀孕期间，问题可能不大，因为胎儿会从母体吸取必要的养分。这是在牺牲母体健康的情况下进行的。但一旦降生离开母体，婴儿必须独立生存，它的营养来源全部依赖于自己摄取的食物。所以，在这期间，如果食物中没有足够的蛋白质和核酸，脑细胞就不能继续增殖，这个孩子的大脑就可能没有足够数量的神经细胞，将来智力的发展就要受到限制，甚至成为低能。

那么，6个月内幼儿的食物营养有哪些要求呢？除了要有足够的奶类外，还要有多种辅助食品，如刚生下来就应有一定量的维生素A，尤其是维生素D(可从浓缩鱼肝油及晒太阳光中获得)；两个月后，要加维生素C(可从果子汁、菜水中获得)；4个月后，应加铁质(可从蛋黄中获得)；五六个月时，可喂些稀粥、碎菜、碎肉之类的食物。

我国目前还有大量智力发育不全的儿童，城市农村各处都有。这些患者智力低下，往往到十几岁还不能进行简单的加减乘除数学计算，甚至有不会数数的。产生所谓先天性痴呆的原因是很复杂的，有遗传因素(有很多神经病是与生俱来的遗传性疾病)，也有环境因素。现代的实验证明：脑的基本功能组织和大脑细胞之间的连接关系，虽然主要是由遗传因素所决定的，但也具有高度可塑性，仍然可以

3

被环境所改变。

人老了,人的大脑和身体上其他器官一样,也呈现出衰老的现象,主要表现为反应迟钝,记忆衰退。这些征象主要是由于大脑细胞的老化造成的。近年来的大量资料表明:大脑的衰老是一个逐渐发展的缓慢过程,这个过程开始很早,到了60岁以后便急转直下。以大脑重量减少的程度为例,一般人活到70岁,他的脑重只有他壮年时脑重的95%,到80岁就减少到90%,到90岁减少到80%。在老年期脑萎缩过程中,颅内死腔增加,硬脑膜变厚,透明度丧失,蛛网膜逐渐趋于纤维化和钙化,脑室扩大,脑脊液增多。大脑萎缩,重量减少,不是由于脑细胞数量的减少,而主要是由于脑细胞树突形态的变化造成的。

神经化学的研究表明:脑组织的水分、核糖核酸、蛋白质和脂肪的含量和转换率,都是随着年龄的增加而逐渐降低的。脑细胞的内部结构也有明显的变化,其中一个重要事实就是脑细胞内的一种代谢产物(废物)褐色素(即脂褐质)的积累。初生婴儿的脑细胞几乎没有这种色素的存在,但到了60岁以上,神经细胞内脂褐质的含量之多竟至占据细胞内二分之一以上的空间,严重影响细胞的正常功能。这使老年人看了会感到自危。但近年来的科学研究,证明这种褐色素的积累是可以通过食物的选择和某种药物作用加以控制的。这样将来就有可能设法延缓脑细胞的衰老过程。

一个神经细胞到了衰老过程的终点,就必然要停止一切活动——死亡。在人类实际生活中,绝大多数脑细胞是死于非命的。死亡的原因,是由于心血管障碍而产生的脑缺氧,如脑出血、脑血栓、脑水肿、脑外伤、心肌梗塞、氰化物中毒、窒息、溺水、触电,或因麻醉事故等所引起的心脏骤停而产生脑缺氧,导致死亡。

脑细胞对于缺氧十分敏感。一般认为,完全缺氧时间如果超过8分钟,脑功能就不可逆转地丧失了。即使重新给氧也不能使神志恢复。这样的病人将长期处于昏迷状态,虽然仍然有呼吸心跳,但是没有知觉和自发运动,可谓"虽生犹死"。很多国家的法律规定,只要心脏停止跳动就可以宣告死亡。但在很多情况下心脏虽然还在跳动,但大脑细胞已长期地完全地丧失了功能,事实上早已丧失了作为一个"人"的作用,已经死亡了。所以,现代医学上认为,一个人是否可以宣告死亡,应以脑是否已经死亡作为标准。

近年来的动物实验证明,在一定情况下,脑细胞被完全剥夺了氧供应半小时后,如果重新给氧仍能对刺激发生反应,可见缺氧后脑功能的恢复是可能的。这项揭示给千百万脑缺氧的受害者带来了希望,但要想使这个问题最后解决,我们必须大力开展脑研究的工作。

本文作者是我国著名的脑研究专家，他写的这篇文章曾获得全国优秀科普作品奖。全文用科学的语言详细介绍了人脑的生长、衰老与死亡的过程。文章结构清晰，可读性强。

1.人脑的生长过程如何？
2.人脑衰老时会出现哪些征象？
3.人脑为什么会死亡？

人脑中的河

◆佚 名

"君到姑苏见，人家尽枕河。"其实，每个人的脑子里不都枕着一条清澈透明、盘旋曲折的小河吗？

"青山环绿野，白水绕城郭。"在人体最高司令部——脑及脊髓这座城堡的周围，也环绕着一条小小的河流，河中流动着脑脊液。

人脑并不是个实心球。在它的满布皱襞的皮层下，峰回路转地形成了许多中空的沟、室、管、池。脑脊液便发源于其中的左右两个侧脑室。犹如山涧泉水般，从两个侧脑室内表面极微细的血管组成的脉络中，点点滴滴地渗透出来，汇集成涓涓细流，经过第三脑室、中脑导水管、第四脑室，进入脑中之湖——大脑延髓池。最后，离开脑湖倾泻而下，沿着紧贴在脑与脊髓外周的两层薄膜软脑膜和蛛网膜之间的河床——蛛网膜下腔向前流动。这样一来，长达75厘米的脊髓和重达1200～1500克的人脑全部都浸泡在河水之中，并且在整个流动过程中，被颅顶部的蛛网膜上的微细颗粒逐渐吸收，重新返回到产生它的母亲——血液之中去。

脑脊液这条小河总量仅150毫升，占人体内总水量的1.5%，每6～8小时全部更新一次，生生不息，日夜畅流。在脑脊液这条小河里，流着无色透明的液体，它不断溶解并携带着糖分、蛋白、氯化钠以及钙、钾、钠、镁等微量元素，还有肌酐、尿素、胆固醇等代谢产物，河中还行驶着巡航小艇——淋巴细胞、白细胞等。这条小河直接滋润着脑和脊髓这一块人体中最重要也最神秘的土地，把营养带给中枢神经,也运走了代谢产生的废物。一旦最高司令部堡垒遭到外敌的侵袭,小河还能快速地从人体其他部位运进各种抵抗力量。同时这条小小的河流,还能通过流量流速的变化来调节坚硬颅骨包围下颅腔内的压力,使之时时处于平衡状态。

然而,脑脊液这条小河不可替代的最重要作用,是作为脑与脊髓的液体软垫,减弱、吸收、消散人体在进行各种活动时所遇到的外界对脑和脊髓的震动,使中枢神经不受干扰,保持在安宁静谧的环境中正常工作。

人们在征服病魔时也直接利用到这条小河。当一个人的脑膜或脊髓发生病变时,脑脊液能最先最直接地出现变化:或是变得混浊不透明,或是渗有血液,或是液流中各种物质如细胞、蛋白质、糖、氯化物有了增减,或是出现压力升降,或是泛滥成灾,例如脑积水时小河暴涨总量高达5000毫升之巨,是正常量的数十倍,如此等等。人们通过脊椎骨间的空隙穿刺,引流出几滴脑脊液化验检查,便可一目了然做出诊断。这便是俗话说的"抽脊水"。当然,与脑脊液总量及生成速度相比,抽出数滴影响甚微,有的人一听说"抽脊水"便顾虑重重,那倒是大可不必的。此外,向脑脊液中注入药物治病,或是注入各种麻醉剂进行手术,这些都是人们不断探索的结果。

"君到姑苏见,人家尽枕河。"其实,每个人的脑子里不都枕着一条清澈透明、盘旋曲折的小河吗?

文章开头和结尾各引一句古诗,给文章以"美容"效果,更为巧妙的是全文以"河"和"堡垒"一喻到底,表达形象,形容恰切,增加了文章的可读性。列数字、打比方、作诠释等多种修辞手法的运用,使文章更准确、清晰,读来轻松易懂。

1.人脑中的河有什么作用?

2.请依照文章最后一句话的句式写一句话。

脑 的 工 作

◆卢于道

> 在脑之后下方为小脑,此地为司身之平衡,会走路,会跳,会跑,会跳舞,会溜冰,都靠此地来管束各部肌肉作用,使之处置适当。

我们的脑子,是我们的行为主使者。脑的命令叫身体哪一部分动,于是身体哪一部分就动,正犹之船主要船往哪方向走,就往哪方向走。在白天我们醒着,脑子就忙着工作;晚上我们睡着时,脑子就在那里休息。

脑子本身是分工合作的。其前面底下是管嗅的,所以我们闭着眼睛能闻着玫瑰花香,知道这是玫瑰花;脑之里面下面是管味的,所以吃着苦甜的糖,知道是可可糖;脑之后头处是管视的,所以看见人物会认识,看见字会懂得,脑外侧下面是管听的,所以我们听见话会懂得;脑之外面中间有块地方是管触觉的,所以我们常摸着什么会知道这是什么东西。这是嗅,味,视,听,触,五官之分工。在外侧前面地方是管动的,上面司脚动,下面司臂动,再下司口动,如讲话所用。某个地方坏了,就是风瘫病,或是腿不能动,或是手臂不能动,或是不会讲话,或完全半身不遂。还有奇怪事,就是讲话的地方只在左面脑上,所以左面脑子较右面的为重要。还有外面前后两大块是为思想之用。

在脑之后下方为小脑,此地为司身之平衡,会走路,会跳,会跑,会跳舞,会溜冰,都靠此地来管束各部肌肉作用,使之处置适当。

然而脑子工作虽苦,而保留的能力仍是不少,好像中国藏着许多富源一般。平常约只有三分之一的脑细胞去工作,其余三分之二,有的甚至终生都未曾用过。所以脑子割去一部分,只要医生手术高,人仍能活着,可是其智慧不能如常人了。现在医生在人脑上施手术已是常见的事了。有的虽去一半,仍能活着的。

心灵体验

文章开头便说"我们的脑子,是我们的行为主使者"。可知脑是干什么的。文章娓娓道来,细数了脑的工作,给我们认识大脑提供了许多科学依据。

1. 脑子是如何分工合作的？
2. 人脑如患了病，能进行手术治疗吗？

移植记忆不是梦

◆佚 名

到某一天，人们可以将自己在青年旺盛期的部分记忆蛋白用基因技术复制储存，在年老时移植回去；甚至能将科学伟人的记忆移植于后人，那更是人类共同的福音了。

随着科学的发展，人类的记忆可以是亲身经历的，也可不必是亲身经历的。不是亲身经历的那部分记忆，可由外界向大脑移植。

1978 年，德国科学家马田从训练过的蜜蜂的脑中提取出记忆蛋白，将其移植到没有受过训练的蜜蜂脑中，结果发现这些蜜蜂就像受过训练的蜜蜂一样，每天也能定时、定向飞到放有蜜糖的蜂房内就餐。

英格兰的科学家也用蜜蜂做了相同的实验。他们先用仪器将成年蜜蜂脑中的记忆蛋白提取出来，再将其注射到正在蜕变的幼蜂脑中。当幼蜂刚能飞时，就将其带到一公里以外成年蜂常去采蜜的蜜源处放飞，结果发现这些足未出户的小蜜蜂居然能凭借"记忆"准确地返回原地。这个记忆显然不是幼蜂亲自体验过的，而是从成年蜂脑中移植的。

另外还有一些幼蜂，没有进行过记忆移植，同样被带到一公里以外成年蜂采蜜的蜜源处放飞，结果这些幼蜂一放飞就慌了神，只是胡乱地向四处飞去。

美国斯坦福大学的心理学家理查德·汤普森提出了"记忆仓库"说。他认为有记忆的动物都将记忆储存在脑子的"记忆仓库"中。如果破坏了"记忆仓库"，那么就会失去记忆；如果移植了"记忆仓库"，记忆也会随之移入。

汤普森用兔子做了实验。他首先在兔子耳边发出"咣"的一声，紧接着朝兔子眼里吹一口气，于是兔子立刻闭上眼睛。这样反复发出声响和接连吹气，使之产生相关的记忆。几次实验以后，兔子只要一听到"咣"的声音，就会自动闭上眼睛。兔子已经熟知了声音与吹气之间的关系，即使你不吹气，它也会闭眼。这是"记忆仓库"告诉它的。

接着汤普森设想：如使兔子脑子中的"记忆仓库"受到破坏，记忆是否会消失呢？汤普森巧妙地使用一种叫肝宁酸的化学物质，将他所推测的"记忆仓库"所在位置破坏。兔子的这个部位在脑中仅占1立方毫米，可一旦破坏，它的记忆就一点儿也没有了。可见，"记忆仓库"的确是存在的。

上面这些实验，对人都会有某种启示作用。可以相信，人的记忆也是可以移植的。

施用记忆蛋白，以恢复人的记忆，这是比利时科学家进行的大胆试验。一位青年人因车祸而长久昏迷不醒，而且失去了记忆。科学家就把一种记忆蛋白用器具喷洒在他的鼻子上，并使之一点点渗入脑中。一天后，奇迹出现了：这位年轻人恢复了部分记忆，并能回忆起发生车祸时的一些情景。继续施用记忆蛋白，一星期以后，这位年轻人就恢复了全部的记忆。

科学家们还发现，记忆蛋白除可恢复记忆外，还可提高记忆能力、识别能力和注意能力，改善整个思维状态。

由于种种原因，人的记忆移植目前尚在探索之中，但我们可以相信，在不远的将来一定可以变成现实。到某一天，人们可以将自己在青年旺盛期的部分记忆蛋白用基因技术复制储存，在年老时移植回去；甚至能将科学伟人的记忆移植于后人，那更是人类共同的福音了。

本文是一篇科技说明文，虽然涉及基因学、遗传学的高科技知识，但语言通俗浅显，生动有趣。作者列举了三个科学家的实验，分别说明了三个科学知识，典型性、针对性强且确凿可信。

1. 为什么说"移植记忆不是梦"？
2. 结合文章内容，用自己的语言说说什么是"移植记忆"？
3. "移植记忆不是梦"，那么"梦"可以移植吗？

"生命天书"破译引起的革命

◆佚 名

> 21世纪,生命科学将发展成为新一轮自然科学革命的中心,并将跨越物理世界与生命世界不可逾越的鸿沟,使之统一起来。

千百年来,人类想尽办法追求长生不老之术,可是总是没法破解生命之谜。主导人类的生长、发育、繁殖和衰老的基本因素是什么? 为什么有的人能够长寿、有的人却因遗传性疾病以致夭折? 为什么同样的药治疗同样的病,但效果却因人而异? 为什么吃同样的食物,有的人容易胖而有的人却吃不胖?

现代的生命科学开始试图打开这本"天书"。1996年,英国科学家成功克隆出第一只绵羊"多利",开创了成年哺乳动物克隆的先河。几乎是在一夜之间,"克隆"这一生命科学的专用名词也成了人们的日常用语。2000年6月26日,美、英、法、德、日、中等国科学家经过十个春秋共同努力,完成了被称为"生命天书"的"人类基因组工作草图"的绘制,从而使生命密码基本破译。

围绕着"克隆",有人欢呼——今后,像大熊猫这样的濒危动物将通过克隆技术得到挽救;有人恐惧,如果克隆技术用到人的身上,出现"克隆人",那将会给人类的伦理道德带来极大的混乱。

其实,生命科学近年来给人类社会带来的"冲击"又何止"克隆"。然而,也有人在欢呼之余又有些担忧: 既然生命科学已能测出人类基因组的30亿左右的碱基对,那么如何保护基因隐私,防止基因歧视也就自然成为亟待解决的问题。还有转基因食品,也是有人欢迎,有人视为"洪水猛兽"……

那么,打开人类这本"天书"的意义究竟何在? 著名人类基因组研究专家、美国塞拉来基因组有限公司首席科学官克雷格·温特给出了至今为止最好的答案:"破译基因密码的意义就如同在刚发现电的那个时代,没有人能想像出个人电脑和互联网一样。"

在打开这本"生命天书"之际,世界各国也都以极大的注意力,关注着这一伟大的科研成果。美国前总统克林顿说:"今天,我们正在学习上帝创造生命时使用的语言,并且正在以前所未有的眼光审视着万物之灵的人类。我们将能够更加细致入微地领略人类自身的复杂和美丽。它将革命性地改变诊断、预防、治疗大部分——就算不是所有——疾病的方式。这个发现可以与伽利略的天文发现媲美。"

英国首相布莱尔说:"对我们大多数人来说,这个伟大的发现所带来的后果可能远远超出了我们的理解力。它的意义远远大于抗生素的发明。这是 21 世纪第一项伟大的科技成就。"

人类在生命科学上已经取得极其重大的突破,在新世纪还将不断地取得新的突破。21 世纪,生命科学将发展成为新一轮自然科学革命的中心,并将跨越物理世界与生命世界不可逾越的鸿沟,使之统一起来。

 谁不想长命百岁?主导人类生长、发育、繁殖和衰老的基本因素是什么?读罢此文,你一定会有许多收获。

 1.什么是"生命天书"?
2.打开"生命天书"的意义何在?

人类与技术环境

◆ 王 粼

> 人的大脑里的神经元有 140 多亿个,构成了地球上最完善和效率最高的自然信息系统,这是自然界的美妙绝伦的创造,是人类发明的任何最先进的信息技术工具或人工智能都无法超越的。

近几十年来,人类发明了抗生素、杀虫剂、电视、雷达、发动机、原子反应堆、电子计算机……这一切构成了今天高度发达的技术环境,也称为"第二自然界",使地球上的物质以惊人的速度增长,大约每隔 15 年其数量增加一倍。在当今世界,人类正面临着自己建造的技术环境的严峻挑战。

跟技术环境的变革速度相比,生物机体的演变速度极其缓慢。考古学家和人类学家都认为,原始人与现代人在大脑构造上相差无几。几千年来,人对语言的反应速度并无差异,基本上是平均每秒钟接受 2.5 个单词。然而,从世界上第一台电子计算机以每秒钟计算 5000 次发展到当前每秒钟几十亿次的大型电子计算机,还不到半个世纪的时间。

人的大脑能不断适应飞速发展的技术环境吗?有的人甚至认为将来人工智能也许会完全取代自然智能。难道果真如此吗?科学界的有识之士,对于第一点的回答是肯定的,而对于第二点则持否定态度。

大脑是人类自然智能取之不尽用之不竭的源泉。人的大脑里的神经元有140多亿个,构成了地球上最完善和效率最高的自然信息系统,这是自然界的美妙绝伦的创造,是人类发明的任何最先进的信息技术工具或人工智能都无法超越的。

总之,尽管人类创造的技术环境无时无刻不在向它的主人提出严峻的挑战,但是,在利用和改造自然界的进程中,人类永远是技术环境的主人。

一些科幻电影里有这样的情节,人类制造的机器人成了人类的主宰。其实,这样的情节是不会变成现实的,人类永远是技术环境的主人。

1.根据文中的提示,说说什么是技术环境?
2.人类与技术环境的关系如何?

止血"功臣"——维生素K

◆王一川

> 维生素 K_1 通常存在于植物体内,在各种绿色植物中含量尤为丰富;维生素 K_2 通常存在于动物体内,尤其是动物的肝脏内。

维生素 K 是维生素家族中的止血"功臣",人体缺少它,出血时血就不能凝固。

维生素 K 的两兄弟 K_1、K_2 的性格和脾气有同有异。

相同的是它们都是中性黄色的化合物,不溶于水,只溶于油脂等有机溶剂,性质十分稳定,不怕酸,也不怕热,即使在强酸下或在150℃的高温中也能泰然自若。但是,维生素 K 却非常害怕碱和紫外线,一旦和它们相遇,就会被撕得支离破碎。因而,含有丰富维生素 K 的食物如青菜、猪肝在烹调中切不可放碱,否则,会把维生素 K 破坏殆尽。

不同的是,在常温下维生素 K_1 是液体,维生素 K_2 却是固体。维生素 K_1 通常存在于植物体内,在各种绿色植物中含量尤为丰富;维生素 K_2 通常存在于动物体内,尤其是动物的肝脏内。

它们化学结构中都有一个名叫 α–甲基酸的结构,因此都有止血的本领。但由于其结构有不同之处,因而止血的效力也不同。维生素 K_1 的止血本领要比维生素 K_2 大 60%。

维生素 K 止血的奥妙在哪里呢?

原来人体血液中含有凝血酶原,它能起止血的作用。可是光有凝血酶原是不能使血液凝固的,一旦人体某处组织出血,血小板遭到破坏,就会释放出凝血活素和钙离子,这二者与凝血酶原结合在一起,变成了凝血酶。在凝血酶的催化下,血浆中的可溶性纤维蛋白原就很快变成不溶性纤维蛋白。这样,出血也就被止住了。而维生素 K 不仅是凝血酶原的主要组成成分,而且还能促进肝脏制造凝血酶原。所以缺乏维生素 K 就会缺少凝血酶原,凝血酶的组成便遭到破坏,血液就不能凝固。维生素 K 止血的奥妙也就在这里。

没有血,大家都知道会有什么后果;可流血不止……或许你会说:赶快包扎呀! 这个方法也不错。其实,真正能止血的是维生素 K。本文详细介绍了有关止血"功臣"维生素 K 的有关知识,很值得一读。

1.说说维生素 K 两兄弟的性格、脾气。
2.为什么维生素 K 能止血?

FE 复合酶:划时代的高科技成果

◆高 岩

1987 年,我国复旦大学生命科学院通过基因克隆方法从安全菌中获得了溶葡萄球菌酶 (也称 FE,意即复合酶)。

消炎抗菌,以后很可能不再用抗生素,而用酶这种全无毒副作用的生物素。

鸡没有牙齿,却能将硬如米粒的食物磨得粉碎。是什么物质有如此大的功力? 是酶。它包含在鸡肫内壁那层黄膜之中,为此,这层黄膜也成为珍贵的药材。

酶的作用很多,种类也很多,但提取却极为复杂,因而贵比黄金。

酶能够溶解细菌,是 20 世纪的一个重大发现。而将酶应用于抗菌消毒领域,并证明它比抗生素能更好地担负起对付细菌感染的重任,则是一个划时代的成果。

20 世纪三四十年代,在抗生素未被发现之前,细菌感染是威胁人类生命的最重要因素之一。当青霉素、链霉素、磺胺类药物等相继问世后,人类平均寿命提高了几十年。然而随之而来的是一个新的严峻问题:耐药菌出现了。这使得抗生素的剂量越用越大,效果却越来越差。据美国媒体报道,因耐药菌感染,仅延长住院时间和必须使用昂贵的新型抗生素两项,每年就要增加 300 亿美元的开支。不仅如此,抗生素引起的毒副作用和不良反应也令人吃惊和遗憾。据《健康报》报道,我国每年因药物不良反应死亡的有 19.21 万人,住院的有 250 万人。有人担忧,这样下去我们的后代会不会遭遇一个瘟疫横行却无药可治的悲惨世界。

奇迹就在此时出现,有人在葡萄球菌之中发现了溶菌酶。试验证明,它能有效杀灭革兰氏阳性菌,尤其对世界医学界都极为棘手的耐药性金黄色葡萄球菌效果显著。随后,世界各地的科学家都展开了对它的研究。1987年,我国复旦大学生命科学院通过基因克隆方法从安全菌中获得了溶葡萄球菌酶(也称FE,意即复合酶)。之后,复合酶及FE复合酶制剂被认定为划时代的高科技成果。在原国家教委的支持下,由全国174所名牌大学组成的、以开发高科技产品为宗旨的中国高科集团实施了其生产权和销售权的独家转让,并组建了全资子公司——上海高科生物工程有限公司,专门对其进行开发利用。

几年的开发应用实践证明,FE及其复合酶制剂确是非常优良的抗菌剂。它的杀菌机理非常独特,不是简单地在细菌细胞壁上形成一层屏障,而是通过直接裂解菌体细胞壁,彻底杀死细菌,因而不易产生耐药性。作为本质为蛋白质、能随人体新陈代谢而排泄的纯生物制剂,它还具有无任何毒副作用的特点。它使得抗生素带来的耐药性和毒副作用两大难题迎刃而解。以其为原料,上海高科生物工程公司相继开发出用于防止烧伤、外科等手术后期耐药菌感染的FE复合酶消毒剂,可广泛用于手术器械、餐具、水果等消毒的FE复合酶消毒剂(Ⅱ),用于治疗咽喉炎、口腔溃疡、牙龈炎等的口腔喷雾剂,其中FE复合酶消毒剂成为目前惟一获得卫生部批准的生物型消毒剂。

酶是催化剂,这是众所周知的;而酶能溶解细菌,却是新近的发现。本文详细介绍酶的重要作用及FE复合酶的特点优势。文章深入浅出,通俗易懂。

1. 文中哪些词语表现了酶的发现的重大意义?

2. 为什么说FE及其复合酶制剂是非常优良的抗菌剂?

烟:吸进去害己呼出来害人

◆ 翁心植

吸烟者吸烟后呼出来的及燃烧着的卷烟释放
出的烟草烟雾,污染了环境中的空气,称为环境中
的烟草烟雾。

吸烟对健康造成危害,经过多年反复宣传教育,广大群众,特别是城镇居民均
有所知。长期吸烟,首先侵害的是呼吸系统,引起肺癌、慢性支气管炎、肺气肿和肺
心病,还可能引发口腔、咽喉、食道、胰腺、膀胱及肾脏、泌尿系统等癌肿。它还是诱
发冠心病、脑血管病、主动脉瘤、末梢动脉硬化病的病因,也与溃疡病的发病有关。
所以说,吸烟危害自己,就是慢性自杀,并不是吓人的话。

吸烟者吸烟后呼出来的及燃烧着的卷烟释放出的烟草烟雾,污染了环境中的
空气,称为环境中的烟草烟雾。在闭合的室内环境里,吸烟者和不吸烟者在一起,
吸烟者是主动吸烟者,而不吸烟者不自愿地吸入环境中的烟草烟雾,是被动吸烟
者。平日生活中不吸烟者接触到环境中的烟草烟雾,就会因黏膜受到刺激而流泪、
咽干、咳嗽、胸闷,久了甚至会感到头昏脑涨,这是被动吸烟的急性或短期反应。长
期吸入环境中的烟草烟雾,就同主动吸烟一样对健康产生危害,也会引起主动吸
烟可能患的疾病。例如父母中一人或二人都吸烟,能使他们幼小的子女患上呼吸
道感染、支气管炎、肺炎的患病率比父母不吸烟者的幼小子女多。日本学者还发现
丈夫吸烟每日 20 支,他的不吸烟的妻子患肺癌的危险比丈夫不吸烟的妻子高约
两倍。这个观察已得到许多英美学者的证实。我国的第四军医大学,观察到丈夫吸
烟是不吸烟的妻子患冠心病的原因之一。

美国环境保护署把环境中的烟草烟雾定为已知 15 种甲级致癌物之一,并得
到世界卫生组织、英国皇家医学会的赞同。美国食物与药品管理局向克林顿总统
写信建议说:因烟草中的尼古丁是会上瘾的药物,所以建议把烟草制品作为药物
管制起来。建议的语调是温和的,其目的在保护青少年,信中建议禁止自动售烟机
及限制针对青少年的烟草广告。克林顿对此建议表示支持的态度,并将建议公布,
广泛征求公众意见。为了保护不吸烟者有吸入新鲜空气的权利,免受被动吸烟之
害,美国、加拿大等国家建立了不吸烟者权利协会,争取国家及地区制定在公共场
所、工作地点及公共交通工具上禁止吸烟的立法。

我国于 1993 年起,苏州市在国内首先提出禁止在公共场所吸烟暂行规定后,

上海、沈阳、武汉等市人民政府相继做出同样规定,到现在已有近70多个地级以上大中城市的人民政府,公布了禁止在公共场所吸烟的规定。

北京市第十届人民代表大会三次会议上,有280名代表提出16件议案,要求制定在公共场所禁止吸烟的地方性法规。提案人数占出席代表总数的40%左右,反映了广大人民的共同要求。1995年12月21日,北京市人大常委会通过了"禁止在公共场所吸烟"的地方性法规,并于1996年5月15日起执行。这是北京市继"禁放烟火爆竹"、"限养家犬"两个地方法规公布执行后,走向文明城市的第三个法规。吸烟涉及的人数多,亦是移风易俗、建立文明生活方式的大事,执行起来难度较大。所以,在执行前有必要进行广泛的教育宣传,提高对主动及被动吸烟危害健康的认识,使禁止公共场所吸烟规定的内容家喻户晓。通过提高广大群众对烟草危害健康的认识,以及公德意识、法制意识,来模范地执行这个新法规,为把首都建成世界文明城市做出自己的贡献。

健康是人们一生的追求与期盼。本文作者是我国著名的医学专家,他用大量的事例、科学的分析告诫人们:烟,吸进去害己,呼出来害人。

1. 长期吸烟对人的健康造成哪些危害?
2. 我国对"禁止吸烟"采取了哪些具体措施?

痛与不痛的秘密

◆韩济生

左旋吗啡和右旋吗啡结构非常相似,就像人照镜子时看到镜中人像和自己一模一样,所差的只是自己的左手成了镜中人的右手。

一提起鸦片,几乎每人都会产生一种厌恶的感觉,因为帝国主义正是利用鸦片来毒害中国人民,甚至用洋枪洋炮为鸦片开路,达到侵略和消灭中国的目的。对于这些,中国人民是绝不会忘记的。但是在医学上,鸦片却有着广泛的用途。特别是 170 年前,一位德国青年科学家从鸦片中提取出有效成分——吗啡以后,它很快就成为医生与疼痛作斗争的强有力的武器。当遇到严重的骨折,大面积烧伤或其他疾病引起剧烈疼痛,病人几乎要晕厥过去的时候,只要注射上一针吗啡,很快就能减轻病人的痛苦,使他安静下来接受进一步的治疗。因为这类药物既能镇痛又有一定的麻醉作用,所以医学上称之为"麻醉性镇痛药"。这类药物疗效高是其优点,但也有一个很大的缺点,就是头几次用,效果很好,但随着用药次数增加,效果就越来越差,必须成倍地增加剂量才能保持药效,这就是说身体对它产生了"耐受性"。不仅如此,病人在连续注射吗啡以后,就觉得离不开它,不给打针就难受,这就是说病人对吗啡"成瘾"了。一旦成瘾以后,必须花很大力气才能把它戒掉。由于存在着这些缺点,医生往往不敢轻易使用这种药物。人们多么希望有一种药物,既具有吗啡那么强的止痛作用,又没有耐受性和成瘾的缺点!这种强烈的愿望,推动人们进行大量的科学实验,其中一个重要的方面,就是改变吗啡的化学结构,人工合成大量的吗啡代用品。到目前为止,有些人工合成的药品,镇痛效果比吗啡还强几十倍,甚至几百倍,但还是避免不了成瘾的弊病。

科学的道路是曲折的,学术上的顽固堡垒,往往需要各路兵马从不同角度加以围攻,才有可能攻克。100 多年来,化学家、药物学家、医学家从各个方面对吗啡进行了大量的研究,我国的科学家也为此做出了自己的贡献。20 世纪 60 年代初期,在我国著名的药理学家张昌绍教授的指导下,年轻的药理学工作者邹刚同志把很少量的吗啡直接注射到家兔的脑子里,发现只用十万分之几克,也就是全身用量的 1/500~1/1000,就能引起明显的镇痛效果。这说明,吗啡起止痛作用的部位就在脑子很局限的区域。后来人们又发现,吗啡的分子结构有左旋、右旋两种形式。左旋吗啡和右旋吗啡结构非常相似,就像人照镜子时看到镜中人像和自己一模一样,所差的只是自己的左手成了镜中人的右手。尽管这两种药结构很相似,但在人体内的作用却不相同:只有左旋吗啡有效,右旋就没有止痛作用。这些表面看来很奇特的现象促使人们推想,身体里可能有一些特定的部位,是专管止痛的,但它上面挂着一把锁,只有左旋吗啡这把钥匙,才能打开这把"镇痛之锁"。别的钥匙即使表面看来很相像,也无法把它打开。这把"锁"就是医学上所说的"吗啡受体"或者叫"鸦片受体"。由于这种科学幻想的驱使,人们付出很大努力去寻找"吗啡受体"。到 1973 年,人们终于找到了它,而且证明人、猴、猫、兔、鼠等动物的脑子里也都存在着吗啡受体。这就说明它是进化过程中发展起来的、各种动物所共有的一种结构。

一个问题得到解决,另一个问题又产生了。人们要问,既然吗啡受体存在于体内至少已有几千万年,而吗啡的发现和应用只是近一百多年的事。难道说,几千万年来存在于身体内的吗啡受体一直没有发挥作用，只是为了等到最近170年人类发现了吗啡以后，才有用武之地吗？显然，这是不可能的。惟一的可能性就是，身体里本来就存在着类似吗啡的一些物质，可以去打开"吗啡受体"这把锁；而从植物中提取出来的吗啡只是和它有相似的作用罢了。用一个通俗的比喻：我们只能说儿子长得像父亲，很难说父亲长得像儿子，但根据儿子的长相，就可以比较容易地找出他的父亲来。人们既然认识了作为药物应用的吗啡，就应该有信心能找到存在于人们自己身体里的"吗啡"。这个强烈的求知欲，促使人们花费大量的劳动去探索。两年后，即1975年，一位英国科学家终于完成了这个历史任务，找到了这种想像中的东西。因为它存在于动物和人的脑子里，作用与吗啡相似，化学上属于由五个氨基酸连合起来的一种肽类物质，所以起名叫"脑啡肽"。把它注射到动物脑子里，可以和吗啡一样产生镇痛作用。这个消息像山谷里轰了一炮，引起了四面八方的反响。制药厂的人对此特别有兴趣，希望从此能生产出一种不成瘾的镇痛药。医生们也很感兴趣，他们想知道，一些顽固性疼痛的病人，是不是因为他们脑子里缺乏脑啡肽；他们更想知道，用什么办法可以使身体自己制造出更多的脑啡肽，来对抗疼痛，治疗疼痛性疾病。

发现脑啡肽的消息，引起我国医学界的特大兴趣。这是因为祖国医学中早就知道用针灸的方法可以治疗很多疼痛性疾病。从1958年以来，通过中医和西医的共同努力，还发现用针刺麻醉的方法可以开刀做手术。经过十几年来的研究，认识到针刺麻醉的原理之一就是因为针刺可以把身体原有的与疼痛作斗争的力量充分发挥出来，包括产生出一系列化学物质来对抗疼痛。这些物质的种类很多，已经发现的有5-羟色胺、乙酸胆碱等等。而现在新发现的脑啡肽，很可能是身体内部与疼痛作斗争的队伍中一名强有力的成员。我们通过动物实验，证实了它具有这样的资格。凡是针刺以后脑子里脑啡肽一类物质含量越高的，镇痛效果就越好；取消它的作用，针刺的镇痛效果就减弱。

当今国内外对动物和人体进行的大量研究工作，归纳起来，可以初步描绘出这样一个轮廓，这就是正常人脑子里本来就存在着包括脑啡肽在内的一些有镇痛作用的物质，它们的含量是有一定范围的。如果脑啡肽太少了，人的痛觉就特别敏感。事实证明，患有偏头痛、三叉神经痛的病人，脑子里这类物质就比正常人少；如果它的含量太多了，痛觉就迟钝。有一种人生来不知道什么叫疼痛，称为"先天性无痛症"，可能是因为脑啡肽过多。当用药物把脑啡肽的作用给对抗掉以后，这种人才生平第一次尝到疼痛的滋味。当然，这样的人毕竟是非常少见的。在大多数情况下，人们希望有一些办法使脑子能产生一些脑啡肽，能治疗疼痛性疾病。到目前为止，看来祖国医学中的针刺疗法是引起脑啡肽产生和释放的最有效的手段之一。

实践中遇到的一个新问题是，同样的针刺，对有的人效果很好，对另一些人就无效，这种现象医学上叫做"个体差异"。中医治病要求"辨证论治"，认为随着每个病人体质和其他条件不同，治疗方法也不相同，这就是重视"个体差异"的具体表现。毫无疑问，个体差异这种客观现象必然有它的物质基础。为了探索针刺疗效个体差异的原因，我们给家兔、大白鼠等动物进行针刺，发现10只动物中总有两三只镇痛效果特别好，另有一二只镇痛效果特别差。然后把它们处死测定脑子里的化学成分，发现针刺效果好的，脑内5-羟色胺和脑啡肽这两类物质的含量都很高；针刺无效的，这两类物质非但不增多，反而有减少的趋势。更有意思的是，如果其中一类的含量特别高，可以弥补另一类的不足。这就说明，针刺之所以能镇痛，脑啡肽起着很重要的作用，但它绝不是引起针刺镇痛的惟一因素。只有当脑啡肽和5-羟色胺等其他因素适当配合时，才能发挥最大的镇痛效果。如果能掌握对不同的病人采用什么穴位，应用什么手法，才能最大限度地调动脑内5-羟色胺和脑啡肽等对抗疼痛的物质的作用，那么，针刺治疗疾病和针刺麻醉的效果可能还会有进一步的提高。

到目前为止，对于脑内鸦片样物质的研究还只有几年的历史，可以说还只是一个开始。初步看来这类物质好像是一个大家庭，有很多成员，目前已发现的大概有10种，前面谈到的脑啡肽只是其中最小的成员。因为脑啡肽是由5个氨基酸组成的比较小的分子，而大的是由16个甚至31个氨基酸组成的大分子。据目前所知，这类物质不仅具有镇痛作用，而且和精神病、癫痫等可能也有一定关系，说明这方面的研究具有更广阔的前景。

本文作者是我国著名生理学教授，是治疗疼痛病的专家。这篇文章非常详细地探究了"痛与不痛的秘密"，是对人类战胜疼痛病的总结。

1. 吗啡在医学上有何重要作用？
2. 脑啡肽是谁发现的？
3. 利用脑啡肽治疗疼痛病人有哪些优势？

千 钧 一 发

◆范正祥

> 一个人约有 15 万根头发,每根头发的寿命大约是 2~6 年,它的一生一般分为三个时期,即生长期、过渡期和静止期,合称为毛发生长周期。

《列子》上有"发引千钧"的说法。唐朝著名文学家韩愈《与孟尚书书》:"……其危如一发引千钧。"一钧等于 30 斤。后来有了"千钧一发"的成语。这当然是比喻非常危急的。一根头发虽不能承受 3 万斤重量,却能承受 100 克的重量;而同样粗的钢丝,仅能承受 80 克的重量。别看头发只有 0.05 毫米粗,它的用处可大着哩!首先是能保护大脑。烈日当空,头发就是很好的隔热装置,非洲黑人的头发是卷曲的,卷曲使得头发与头皮之间有较大的空隙,可容纳较多的空气,空气是良好的隔热物质,就可以使脑组织免遭过量的热;头发还能提炼出氨基酸,供医药、食品行业使用;有些织锦画可以用头发加工制作。还可以用化验头发的方法,来检验人的血型,诊断某些疾病的病因。人的血型物质不仅存在于红细胞里,也存在于头发之中。医学家们检验了出土的 2000 多年前的马王堆西汉女尸头发,证实了她的血型。更有趣的是,人们发现头发中金属元素含量影响着人的智力和学习成绩,这就能及早对智力差的孩子进行营养调整和治疗。

由于头发来源多,毫无痛苦,容易获得,便于普查,头发中微量元素的测定分析,现在又进入到一个新的历史阶段。发砷、发铅、发汞的含量测定分析,可客观地反映环境污染的程度和对人体的影响。现已被世界卫生组织定为全球环境监测系统——人体材料生物监测的重要手段。展望未来,头发在预防医学方面,为保护人类健康必将做出更大的贡献。

头发的寿命

一个人约有 15 万根头发,每根头发的寿命大约是 2~6 年,它的一生一般分为三个时期,即生长期、过渡期和静止期,合称为毛发生长周期。每根头发都有它自身的生长周期,它的生长和脱落都不是同步进行的。生长期是 2~6 年,头发在这一时期不断生长加长,平均每天长长约 0.35 毫米,夏季要比冬季长得快些。一年里,头发只有264天在生长中,其余日子处在过渡期或静止期。过渡期较短,大约2~3周,头发停止生长。静止期一般是3~4个月,毛乳头萎缩,血液供应停止,毛发变得干脆,只要有轻微的机械刺激,如梳头、洗头时就会自行脱落,这叫生理性脱发。

身体虚弱、营养不良、贫血、内分泌功能失调、忧虑、焦虑不安等精神刺激,或患有肺结核、伤寒等急性或慢性传染病,都会使头发生长缓慢,生长期缩短而产生脱发。只要积极消除上述因素,随着身体健康状况的好转,头发会开始重新生长。

入秋后或严冬季节,一般人都有掉头发增多的现象,这主要是因为夏季紫外线照射,汗水的浸泡,使头皮血管收缩,头发营养供应不足,便影响头发的物质代谢而发生脱发。

对上面几种脱发,自不必惊慌。但是如果头发骤然成片地脱落,或者年轻人头发日见稀疏,就应该注意了。

头发的颜色

由于人的种族不同,头发也是"五颜六色"的。从外观上,头发可分为黑、红、棕、黄、绿等色。亚洲人多为黑色,非洲人多为漆黑色,欧洲白种人多为金黄发,美洲印第安人为红发。头发的颜色和头发里所含的金属元素种类有密切关系,黑发含有等量铜和铁,金黄色发中含有钛,赤褐色发中含有钼,红棕色发中除含有铜外还含有钴,而绿色发中则是含有过多的铜。第三世界中非洲一些国家,有些孩子的头发是红色的,这是因为严重缺乏蛋白质造成的。因此,头发的颜色,不仅和种族有关,也和身体健康状况有关。

我国人民的头发一般都是黑色的,只有到了老年才会逐渐变白,这是自然规律。青少年出现了白发叫"少白头",原因至今没有弄清。不过,一般认为白发与精神紧张有一定的关系。长期精神紧张,忧虑过度,可使供应毛发营养的血管发生痉挛,而不能充足供送营养,致使毛乳头制造黑色素的功能发生障碍,引起少白头。医学家根据长期观察,还认为少白头的发生,除了精神紧张等因素外,缺乏维生素也是一个重要原因。维生素 H、维生素 B_1、维生素 B_2、维生素 B_6、烟酸、胡萝卜素、多巴等物质,对黑色素的生成与代谢都起着重要作用。人体如果长期缺乏这些物质,就可能使黑发变白。近些年还有些人认为,人体内缺乏微量元素铜时,黑发也会变白。患有肺结核、伤寒、恶性贫血、甲状腺功能亢进等疾病,造成营养缺乏,健康水平下降,或者是内分泌功能失调,都可以干扰或破坏毛乳头制造黑色素的功能,减少黑色素生成,产生白发。对少白头只要找出原因,对症治疗,还是可以好转的。

怎样保护头发

　　首先,要找出影响头发生长的因素,有慢性病要积极治疗。生活有规律,积极参加体育活动,合理用脑,保持精神愉快,加强营养,及时补充蛋白质、维生素和碘,少吃油质及刺激性食物和甜食。其次,是注意护理头发,洗头不宜过勤,至于应该多少天洗一次,要根据具体情况而定,头皮油多,容易脏,应该勤洗,比较干燥的,可每周洗一次。每次洗头时间不宜过长,最好用软性水洗,水温不宜太高。如能在漂洗头发的水中加点儿食醋(每公斤水加一汤匙),能增加头发的光泽和柔软蓬松。洗头时不要乱抓,应顺着头发生长的方向梳洗,洗完后要用清水冲洗,自然晾干。梳理时用力均匀,避免头发折断。冬季注意保暖,夏季应注意避免太阳暴晒。

　　古人有"身体发肤,受之父母"之说,可见头发之重要。人如果没有头发,不但不美丽,而且是疾病的征兆。本文详细向我们介绍了有关头发的学问,不可不读哦!

1. 头发有什么重要作用?

2. 头发的寿命有多长?

3. 我们应如何保护头发?

DNA"照妖镜"

◆佚 名

目前,DNA数据库保存了超过56万份的样本,均取自受到指控、告发、警告和被判决的犯有可纪录在案罪行的嫌犯或罪犯。

悬而未决的凶杀案为法医学的发展提供了可怕但强大的推动力。没有多少案件能比23岁的蕾切尔·尼克尔被杀案更加骇人听闻。1992年7月的一个清晨,蕾切尔带着3岁的儿子亚历克斯在温布尔登科门散步。人们最后一次看到她是在上午10时20分,其尸体被发现的时间是上午10时35分,其间某一时刻,她受到一名挥舞着尖刀的男子的威胁。在距离一处热闹的空地仅数步之遥的林地中,那名男子强迫她跪下,然后丧心病狂地向她刺了49刀,还强奸了她。当一名出来遛狗的退休建筑师发现蕾切尔时,亚历克斯伏在妈妈的尸体上,周围是一片血泊。小男孩呜咽着:"妈妈起来。"

尽管侦查小组作了艰苦卓绝的努力,还进行了两次尸检,但警方还是不得不承认,凶手在现场没有留下自己的身体痕迹。没有司法证据——凶器、指纹、衣物纤维或者生物物证。总之,没有任何能帮助追查到凶手、能证明或反驳嫌犯和受害人之间联系的证据。对蕾切尔进行尸检的医生确信自己发现了残留的精液,并进行了取样。遗憾的是,法医实验室没能发现可对样品进行脱氧核糖核酸(DNA)分析的任何微量物质。

侦查工作的失败给尼克尔一家造成进一步的打击。蕾切尔的父亲说:"法律得到了维护,但正义在哪里?"

DNA 基因图测定技术

过去10年里,在辨认和给危险罪犯定罪方面的努力得到不断加强。政府和议会目前在资金和时间上支持这种努力,英国首相托尼·布莱尔更是要求改革和提高。他最近在一次警官集会上说:"我们实际上是在21世纪的世界中使用一个19世纪的司法系统。"

实际上,在整个刑侦界,人们已经在努力开发新技术。最新的进展是完善了

DNA 检测技术。这项技术在 20 世纪 80 年代首次应用时,为司法侦查工作带来了革命性的变化。它的开创者是莱斯特大学的亚历克·杰弗里斯。除了同卵双生子,没有哪两个人具有相同的 DNA 构成。因此,杰弗里斯设计了一种绘制 DNA"指纹"的方法,即把存储在我们身体细胞中的这一独特模板直观地表示出来。

如今,DNA 基因图测定技术已经发展到用更小和更旧的样本也能获得重要信息的程度。最复杂的分析方法是 DNA 低拷贝数法(DNA LCN)。这项技术非常灵敏,能使科学家从含有极少量细胞的样本——即使它们为肉眼所不见(比如一片头皮屑或传统指纹中的残留物)——来绘制基因指纹。

DNA LCN 法比常规 DNA 基因图测定技术需要更长时间,一般耗时数周,因此目前只用于其他 DNA 技术无效或不适合的最严重案件。英国内政部 DNA 实验室负责人克里斯·哈德基斯说:"过去需要大样本,而且检测还会毁坏样本,如今由少量细胞就能获得相匹配的对象。"

警方已经用这项技术捕获了一些自认逃避了法律审判的凶手。被捕的一个漏网之鱼是伊恩·理查德·劳瑟。他在法庭上承认曾犯下一桩杀人案,结果被判处无期徒刑。1977 年 8 月,47 岁的劳瑟殴打、勒死并强奸了 39 岁的玛丽·格雷格森,然后把尸体丢入西约克郡的艾尔河。警察查访了当时在索尔泰尔的利兹——利物浦运河附近当工人的劳瑟,但无法将其与案件联系起来。直到借助这种更加灵敏的检测方法,侦探由格雷格森衣服上很小的一块精斑绘制出凶手的基因图后,此案才被侦破。侦探们重新查访了当初调查过的嫌犯,并从他们的口腔取样。当查到名单上第 532 名嫌犯劳瑟时,他提供的样本显示其无罪的可能性仅为 10 亿分之一。

线粒体 DNA 检测法

线粒体 DNA 检测科学是第二项重大进展。它在分析非常陈旧和受损样本时格外有效。线粒体 DNA 在可得到的 DNA 中占极小一部分,因此可以用于样本太小、太久或发生退化而无法用一般方法进行分析的情况。在得不到体液和组织的情况下,可以由骨骼获得线粒体 DNA。这种 DNA 比主要用于其他检测方法的染色体 DNA 更有可能长期存活。不过,其长度比染色体 DNA 要短得多,因此用来观察个体之间差别的特征就要少一些。

不过,线粒体 DNA 仍然是对司法检测方法的重要补充,这种检测方法也正在帮助世界各地的警察机关侦破案件。例如,在侦查凶杀案时,一般用胶带能收集到行凶者落下的毛发,这是惯常的做法。即使毛发太细小,对于当时的技术来说,没有任何价值,这项证据一般也会被保留下来。只要这些毛发保存得当,目前就能对其进行线粒体分析。

要了解这种方法追溯久远年代的威力,只须看一下它是如何揭开俄国末代沙皇一家尸骨之谜的案例就行了。当时,5 具骨架于 1991 年 7 月在俄罗斯叶卡捷琳堡被发现,它们被怀疑是末代沙皇、皇后及其 3 个孩子(共有 5 个子女)的遗骸。

1918 年 7 月 16 日夜,沙皇尼古拉二世一家被布尔什维克处决。他们的尸体本该运到一处矿井处理掉。但运尸车在路上发生了机械故障,因此就匆忙地在路边挖了一个浅浅的墓穴,把尸体埋掉了。尽管有大量的司法证据,但这一说法却从未得到证实。后来,俄官方与隶属于内政部的英国司法科学服务处(FSS)联系,用 DNA 分析方法开始重新确认那些遗骸。FSS 利用取自残存遗骨的样本首次证实,墓穴中的遗骨的确是末代沙皇一家人的。

法律的漏洞

如今,DNA 证据是十分有用的手段,因此英国政府宣布,今后取自所有罪犯的 DNA 样本都将保存在耗资 1.09 亿英镑的全国数据库中。目前,DNA 数据库保存了超过 56 万份的样本,均取自受到指控、告发、警告和被判决的犯有可纪录在案罪行的嫌犯或罪犯。另外还有 6 万份来自犯罪现场获取物的 DNA 基因图。政府预计,到 2004 年,将有 300 万罪犯的 DNA 存档,供侦探查询。警方希望,这一扩充将极大地提高数据库的功效。在过去 5 年,该数据库把大约 6.8 万名嫌犯与罪行联系起来。

有大约 800 例悬而未决的凶杀案有待重新审议。其中很多案件只有等到废除了"一事不重理"法律后才能定罪。这项法律规定,法庭一旦宣告某人无罪,就不能以同一罪行再次起诉。不过这一状况有可能改变。

难以说出所有这一切对追查杀害蕾切尔·尼克尔的凶手可能意味着什么。警方不肯透露原始调查所保存的物证,不过伦敦警察厅的一名发言人在接受记者采访时说:"此案仍悬而未决,并处于侦查之中。如果发现新的证据,警方将加以评估,并采取适当的行动。"

本文从生活中的实例入手,层层推进,向人们详细介绍有关 DNA(脱氧核糖核酸)的重要价值。文章大量运用举例子、列数字、作比较等说明方法,使深奥的科学知识变得简单易懂。

1. 文中列举了哪些利用DNA基因图测定技术定罪的例子？
2. 什么是线粒体DNA检测法？
3. DNA技术是万能的吗？

血细胞漫谈

◆胡 海

> 血红蛋白从肺里得到氧,然后输送给大脑等
> 需要氧的各个组织器官,同时又把那里的二氧化
> 碳送回到肺里,通过呼吸排出体外。

氧的载体——红细胞

红细胞是血液中的成分之一,在1立方毫米血液中,大约含有400万个红细胞,血液的红色就来自于红细胞,准确地说,是来自红细胞中血红蛋白的颜色。1673年,细胞的发现者,荷兰生物学家列文古克在实验中第一次看到了人体血液中有无数个小颗粒,证明了血液并非当时人们所普遍认为的只是单一的液体。这些小颗粒就是红细胞。但此后的200余年间,人们却一直没弄明白它们的作用。直到19世纪中叶,科学家们才搞清楚,它们原来是人体中氧、二氧化碳、电解质、葡萄糖和氨基酸等新陈代谢所必需物质的运输工具。这项工作主要是由红细胞里的血红蛋白来完成的。血红蛋白从肺里得到氧,然后输送给大脑等需要氧的各个组织器官,同时又把那里的二氧化碳送回到肺里,通过呼吸排出体外。

红细胞是携带氧气及养分并将之输送至全身各组织细胞的重要细胞,所以它们的健康与否,流动是否顺畅,特别是在血液中的含量多少,决定着其他细胞能否获得足够的氧气、养分并维持正常的运作。

对男性来说,1升血液中的红细胞含量应在$(4\sim5.5)\times10^{12}$个之间,女性则在$(3.5\sim5.0)\times10^{12}$个之间。而对于新生儿,在出生的第一周里,身上的红细胞含量可高达7.5×10^{12}之多,这是因为新生儿在胎儿期是靠胎盘供氧,需要很多的红细胞来运输氧,出生之后,新生儿自主呼吸,可直接从空气中得到丰富的氧,不再需要过多的红细胞,故过多的红细胞就要被破坏掉。红细胞被破坏后会使血中胆

红素增多而产生黄疸,这是正常的生理现象,过几天就会消失,家长不必为此惊慌。

我们知道,血细胞是由骨髓制造的。能产生血细胞的骨髓略呈红色,称为红骨髓。人出生时,红骨髓充满全身骨髓腔,随着年龄增大,脂肪细胞增多,红骨髓逐渐被黄骨髓所取代。人到了老年,几乎只有扁平骨骨髓腔中还有红骨髓,当然,血细胞的数量也会减少。此时,人体红细胞的数量可减至 3.8×10^{12} 个。

需要指出的是,红细胞虽然也被称为红血球,但在人和许多哺乳动物的血液里,它们并不是球形的,而是像一个两面都向中心凹陷的圆盘,只有骆驼和鹿是例外,它们血液中的红细胞是椭圆形的。有趣的是,当人患有某种疾病时,如丝球体性血尿(肾性出血),红细胞会变成月牙形或其他形状,医学上称之为变形红细胞。

红细胞的主要化学成分是血红蛋白(血红素)。血红蛋白就是红细胞中携带氧气的色素,叫做呼吸色素。前面说过,运送氧气和二氧化碳的工作是由血红蛋白来完成的,所以,人体血液中血红蛋白指标也很重要。男性血液中的正常血红蛋白至少应为 120~160 克/升,女性为 110~150 克/升,新生儿为 170~200 克/升。

血红蛋白与一氧化碳(俗称煤气)的亲和力特别强,比与氧气的亲和力大 200 多倍。所以,人一旦吸了煤气,血红蛋白就会首先选择与煤气结合,此时的血红蛋白便丧失了携带氧气的功能,造成人体缺氧,严重的还会致人死亡,这就是通常所说的煤气中毒。

红细胞和血红蛋白低于以上数值则称为贫血。贫血的最初症状是疲乏、困倦无力,继而会出现活动后心悸、气短、心衰、头疼、头晕、目眩、耳鸣、注意力不集中、嗜睡、食欲减退、腹胀恶心、夜尿增多和皮肤干燥、毛皮枯干等一系列症状。引发贫血的原因很多,常见的有骨髓造血功能衰竭、体内缺铁和缺乏维生素 B_{12} 等情况,所以贫血患者应对症治疗。

人体中的红细胞和血红蛋白也会增高。这种情况往往出现在先天性心脏病,肺气肿病人和住在高原的人身上。正常的人在剧烈运动后也会引起暂时性的红细胞和血红蛋白增加,但很快便可恢复。

人体的血细胞是不断新陈代谢的。人类红细胞的平均寿命约为 120 天,一个正常成年人身上每天约有 10 亿个红细胞衰老死亡;同样也有相近数量的红细胞新生,这些新生的红细胞被称为网织红细胞。网织红细胞是反应骨髓造血功能的重要指标,约占人体红细胞总数的 0.5%~1.5%。人在急性大出血或患溶血性贫血时网织红细胞会增高;而患再生障碍性贫血时则会减低。

白细胞——快速反应部队

100多年前，俄罗斯生理学家梅契尼科夫在一次研究水蚤消化作用的时候，发现水蚤体内有一种细胞能够吞噬某种酵母菌；还有一次，他随手把一根蔷薇刺插进海星的身体里，结果发现那种细胞从各处游到蔷薇刺的周围，拼命围攻蔷薇刺带来的细菌。这一现象引起了梅契尼科夫的兴趣。经反复研究，他终于弄清了这种细胞的作用和机理。1880年，他在《俄罗斯医学》杂志上发表了关于发现"吞噬细胞"的论文，这就是今天我们所说的白细胞。

白细胞（白血球）是平时在血管里流动的一种血细胞。它们因为本身没有颜色而得名。一旦有病菌入侵，白细胞能很快伸出伪足，游出血管，奔向入侵者。为便于包围和吞噬细菌，白细胞还可以根据具体情况，随时变换自己的形状。细菌被吞噬后，白细胞利用本身所含的组织蛋白酶、溶菌酶把病菌分解和液化，最后变成脓液排出体外。最新的研究还发现，白细胞甚至还能释放一系列化学毒气来杀灭细菌。

白细胞的发现，奠定了人类免疫学的基础，梅契尼科夫不仅在1908年获得了诺贝尔医学和生理学奖，也当之无愧地成为免疫学的开山鼻祖。

在正常人的血液中，白细胞含量应在40亿～90亿个／升左右，但需要指出的是，这些白细胞并不是一模一样的。白细胞可分为有粒白细胞和无粒白细胞两大类，有粒白细胞包括：嗜中性粒细胞、嗜酸性粒细胞、嗜碱性粒细胞；无粒白细胞包括：单核细胞和淋巴细胞。其中：嗜中性杆状核粒细胞占1%～5%；嗜中性分叶核粒细胞占50%～70%；嗜酸性粒细胞占0.5%～5%；嗜碱性粒细胞占0～1%；淋巴细胞占20%～40%；单核粒细胞占3%～8%。

上述词汇显然太专业，一般读者只需知道，白细胞像一支兵种齐全的部队，之所以分出这些类别是因为它们攻击的目标不一样就可以了。如嗜中性粒细胞像一支快速反应部队，每当有细菌侵入，它们总是最先赶到出事地点。但嗜中性粒细胞因体小而只能吞噬细菌，所以也叫小吞噬细胞。单核细胞个体大，是白细胞中的重型部队，它不但可吞噬细菌，还可吞噬原虫、红细胞和较大的异物，所以称为大吞噬细胞。而嗜酸性粒细胞在对付病菌上像一支训练和装备都很差的部队，虽然它也有变形运动和吞噬的功能，但总的来说战斗力不强。由于人在患一些过敏反应疾病时常常观察到嗜酸性粒细胞的增加，所以人们怀疑它可能与机体过敏反应有密切的关系。目前人们了解最少的是嗜碱性粒细胞，这支部队的存在有点神秘，似乎在任何情况下都按兵不动，其作用至今仍是未解之谜。至于出现在血液中的淋巴细胞，还可分为T淋巴和B淋巴，T淋巴执行的是细胞免疫任务，B淋巴具有体液免疫的功能。总之，各种白细胞在人体内组成了一支兵种齐全的防卫部队，保护着人们的机体免受各种病菌的侵害。

白细胞防御功能有时也会带来麻烦。在进行器官移植手术时,白细胞会把带有异体遗传信息的植入器官当做病原体而发动攻击,这就是通常所说的排异反应,此时就不得不用药物对白细胞的活动进行压制了。

各类白细胞的寿命长短不一,平均只有 13 天,淋巴细胞差距较大,短命的 B 淋巴细胞仅能存活 3~4 天,但有的 T 淋巴细胞寿命可达百日,甚至长达 20 年;单核细胞只在循环血液中停留 1 天多,以后进入组织或体腔,转变为大吞噬细胞,可活数月。

血液中的救险队——血小板

血小板是血液中最小的细胞。在电子显微镜下,血小板像橄榄形或盘状,也有梭形或不规则形。血小板是从骨髓中巨核细胞脱落下来的小块胞质,每个巨核细胞可产生 3000~4000 个血小板,正因如此,在相当长的一个时期内,血小板曾被看做是血液中的无用的细胞碎片。1880 年,意大利医生比佐泽罗发现它们在血管损伤后的止血过程中起着重要作用,从而首次提出了血小板的概念,因而血小板也被称为比佐泽罗小板。

血小板的主要功能是凝血和止血。当人体受伤流血时,血小板就会成群结队地在数秒钟内奋不顾身扑向伤口。那么,血小板是如何止血的呢?

首先,血小板能释放 5- 羟色胺、儿茶酚胺等肾上腺素,引起血管收缩,使受损伤血管不同程度地紧闭,减少血流量,防止失血过多;接着血小板和血液中的其他凝血物质——钙离子和凝血酶等便黏附和沉积在受损血管所暴露出来的胶原纤维上,在破损血管壁上聚集成团,形成血凝块,堵塞破损的伤口和血管。由于血浆中的纤维蛋白在纤溶系统的作用下容易降解,血小板还能释放出抗纤溶因子,使形成的血凝块不至于崩溃。

正常人血液中每立方毫米血液中血小板的含量为 10~30 万个,血小板数量的变化幅度受食物成分、妇女月经期、输入肾上腺素、肌体受伤等因素的影响。运动员和重体力劳动者血液中的血小板含量相对高一些。血小板的平均寿命为 7~14 天,平时大约 1/3 的血小板都贮存在脾脏中。

如果血小板急剧增加或减少,超过正常标准,就要怀疑有某种疾病在作祟。通常骨髓增生、肿瘤等疾病会使血小板大量增加;而再生障碍性贫血、骨髓纤维化、放射线损伤等疾病会使血小板大量减少。血小板含量过低则证明免疫系统出了问题,此时人身上会出现青紫斑,在儿童身上尤为明显。所以,假如孩子身上出现不明青紫斑，家长一定要重视，千万不要轻易认为是孩子淘气造成的。

细胞是构成人体组织的基本单位，血液是人体的一种组织，当然也是由细胞所构成。构成血液的细胞有三种，即红细胞、白细胞(也称红血球、白血球)和血小板。这三种细胞形态各异，作用不同，认识并了解它们的功能，对我们的健康是大有裨益的。

1. 什么是红细胞？红细胞有何重要作用？
2. 什么是白细胞？白细胞有何重要作用？
3. 什么是血小板？血小板有何重要作用？

我们的身体为什么
会有如此多的瑕疵

◆陈 冰

人体设计之高明，已经远远超出了人类文明已经达到的程度。在我们引以自豪的大脑皮质中，思维是通过神经网络来实现的。神经网络由大约60亿个"神经元"组成，包含着数不清的连接。

真难以置信，人类能进化发展出大脑这般复杂和精妙的作品，却仍然要承受动脉硬化、近视眼、胃溃疡……这些问题的困扰；人的免疫系统能识别数百万种的异种蛋白，却在面临"非典"时几乎不堪一击。既然皮肤轻度烧伤后能长出新的皮肤，而为什么在皮肤大面积烧伤后，却无法全面彻底恢复？既然手指上的伤口能够愈合，为什么整个手指被切掉后却不能再长出一个？

人体设计之高明，已经远远超出了人类文明已经达到的程度。在我们引以自豪的大脑皮质中，思维是通过神经网络来实现的。神经网络由大约60亿个"神经元"组成，包含着数不清的连接。这些神经元排成6层，每层都有100多万列；而每一列又有约1000个细胞。如此完美的设计，所产生的作用大于其各部分之总和，以致产生了"自我意识"。

单从性能上看,大脑能把生活中经历的点点滴滴编码记忆,存储在由细胞构成的存储器中。任何时候只要需要,就会在不到一秒的时间内检索出来!不仅如此,大脑在思考一件事情的同时,还在"同时"处理着许多其他事情。我们可以一心两用,边看电视边听音乐。

而迄今人类还没有发明出能够真正进行并行处理的计算机。现在的计算机只能是看完了电视,再听音乐。

再看眼睛,如此小小的体积却拥有 1.25 亿个视杆细胞和 700 万个视锥细胞,可分辨 1600 万种颜色,看到直径只有 0.01 毫米的物体!在控制眼球的许多细小肌肉群的控制上,其转动之灵敏,甚至可以跟踪苍蝇的飞行。眼睛变焦迅速,几乎在瞬间就完成了从无限远到近在咫尺的变焦过程!体积是人眼 1000 倍的摄像机功能,却连人眼功能的 1% 也做不到。

即使身体中一些看似功能简单的部件也是经过精心设计的。现在质量最好的人工心脏瓣膜,也只能使用几年;况且每打开关闭一次都会挤碎一些红细胞。而人的天然心脏瓣膜,却能在其一生中柔和地启闭大约 25 亿次之多。

如此种种,不胜枚举。然而人体里虽有数千个令人感叹的精美之品,但同时又存在一些类似铁皮加铆钉的粗疏之作,有些甚至看起来是不可饶恕的!

近视,让至少有 1/4 的人饱受其苦,而摆脱不了眼镜这个累赘。像眼睛这样高档的摄像机造物主都设计出来了,却为何不能再配备一只小巧的生物眼镜以便我们需要时,在眼睛中自动地架上?

庞大而复杂的血管网络系统能够将养分精确地输送到全身 10 万亿个细胞中的每一个细胞,却会忘记清扫沉积在动脉壁上的胆固醇,结果使血流不畅,引发心肌梗死等诸多疾病。所有这些有缺陷的设计,给人的感觉就像是上帝麾下的那些最高明的设计师,在星期天把事情交给了一个马虎草率的徒弟。

难道这就是事情的本来面目?大自然这样的旷世大师不可能留下如此多的败笔。这些看似不合理的有缺陷的设计,一定会有一个合理的解释。

认为进化是向着某个明确的方向、按照某个既定的计划进行的,这是一种普遍存在的错误观念。进化的基础是基因变异;而基因的变异是盲目的、不可预测的。当时的环境和生存条件,决定了只有携带着最适合当时环境和生存条件的基因之个体,才最有可能生存下来,活动繁衍出足够多的后代,从而使得这个变异的基因被保留下来。

借助研究化石得知很久以前长颈鹿的脖子并没有现在这么长,它是逐渐变长的。或许有一段相当长的时间,生存环境不利,地面食物都被抢食光了,只有高树上的树叶可供食用；或许是由于某些原因，使得可供长颈鹿食用的植物都长得越来越高。总之现实情况迫使只有那些脖子稍长的长颈鹿才能吃到食物活下来；它们所携带的会长出更长脖子的基因，也就得以被选择和保存下来！长颈鹿就能在与它们的生活相似的动物中胜出！如今在热带草原上，靠吃树叶生存的动物中，只剩下长颈鹿了。

认为自然选择是一条使物体更加幸福的道路也是错误的。如果人意外伤掉了一个手指时，只能做断肢再植，而不能在伤口上长出手指。毕竟用来长出这个手指的基因，已经在身体的DNA双螺旋结构上记录在案。既然章鱼能长出断掉的足，海星能长出丢失的触手，为什么我们人就不行呢？其实原因很简单，就是当时的条件没有给我们在这方面的进化提供足够的时间和可能。

在医学文明出现之间，对于原始人而言，断条胳膊和丢掉整条性命毫无二致。这时人将在短时间内死于失血过多；即使由于某种原因失血被止住，他也还是会死于破伤风或其他伤口感染。

为什么断掉的手指不能再生，而只能愈合呢？这有两个可能的原因：第一，自然选择无法精确地将极少数几个拥有断指再生能力的原始人选择出来。一个拥有10根手指和一个拥有9根手指的原始人，在各方面都差别不大。换句话说，在自然选择面前，一个拥有10根手指和一个拥有9根手指的原始人的生存机会是相等的。这就使得断指再生能力的基因，很难被选择出来，因此也就无法被保存下来。第二，如若具备这种断指再生能力，那可能要付出很高的代价。再生能力不可避免地要涉及细胞的分裂，而允许细胞分裂将会增加得癌症的风险。精确地控制细胞的分裂难度极高。一旦控制出现了差错，某个细胞的分裂在该停止的时候没有停止，而是继续生长，就会发展成肿瘤。权衡利弊，自然选择淘汰了这种过度的尽管是有用的再生能力。

当自然选择不可能在各方面都照顾周全时，它就会权衡利弊最终选择一个折中方案。这是一个高度优化的折中方案。认识到了这一点，很多看似不能解释的事情就能有一个满意的答案。

为什么我们的骨骼是空心的，而空心的骨骼使得它更易被折断？原因是实心的骨骼会更沉重，使行动更迟缓。这对以狩猎为生的原始人是致命的。他将无法逃脱猛兽追逐，也无法追上自己要捕获的佳肴。且实心骨骼为使体重增加，进而需要消耗更多的食物。这对于时刻处于食物短缺危机之中的原始人是不利的。

胃酸对于我们消化食物而言，看起来是过于酸了。减低胃酸不会影响消化，还会减少胃溃疡的发生。胃酸不仅用于消化食物，还用于杀灭细菌和病毒。在卫生条件得不到保证的石器时代，更彻底地杀灭细菌和病毒是至关重要的。推想一下，以腐肉为三餐的秃鹫其胃酸之所以能够融化铁钉,那么这个问题也就不难理解了。

自然选择也绝不会对身体的某个部位设计超标,因为那样做是不值得的。"过度"设计不仅不会发生且要努力避免。因为"过度"的设计总是伴随着高成本。如果人类某个个体变异而出现了"超标",那么这些"超标"设计的变异,也会在一段时间后被自然选择所剔除。因为把身体的某个部分设计得比其他部分更耐用并无意义。当整个生物个体死亡时,那些还完好无损的部分也将随之变得毫无价值。

人类的进化也始终遭受着病菌的侵袭。我们与病原微生物之间的战争已经持续了数百万年。在付出了惨痛代价之后,天花、脊髓灰质炎等病原体已消失无踪。但仍还有些古老的病毒,例如流感病毒通过不断地变异,而始终能给我们以伤害。病毒的优势是快速地变异。五千年的中华文明只不过进化了 200 代,而病毒一周就可以进化 200 代。这使得我们与病原微生物之间的竞争,变得非常不公平。由于我们不能进化得足够快,以致人永远无法逃脱病毒的追杀。

此外由于缺乏精确的控制机制,一些病毒在繁殖时还会经常出现各种差错,而这些错误在对付人类时,却变成了优势。人的免疫系统可能无法识别这些有缺陷的病毒。

好在我们的优势,是有一个庞大的"化学武器兵工厂"。这家名为"免疫系统"的"兵工厂",是一家有着数百万年历史的"老字号"。它从远古时期就一直不间歇地与各种病原微生物作战。它已经开发出数量众多的"武器系统",刚好勉强能够抵消病原微生物巨大的进化优势。

由于环境的不断变化,人体与环境的适应总处在时间差的滞后段上。在还没有给自然选择以足够多的充裕时间准备时,空调、空气污染、各种电磁辐射、油腻的食物却蜂拥而至,那么许多现代病的发生就不可避免了。

回望已经流逝的数百万年的时间,自然选择不屈不挠地对人体不间断地小修小补。所有能够完美的地方都完美了,所有必须妥协的地方都做出了最小的让步。强大的免疫系统让我们免受外来病原体的侵害,但也会带来患风湿性关节炎的风险。为了保证必要的组织自我修复的能力,我们甚至付出了可能会启动癌症的代价,但所有这些就是最佳的解决方案了。明白了这些,我们就可以从容地面对明天,期待下一个微小的但却立竿见影的进化!

心灵体验　　我们的身体为什么会有如此多的瑕疵?本文详细向我们作出了解释,相信人们心中的疑问会因此消除。

1. 为什么长颈鹿能一直生活到现在？
2. 为什么断掉的手指不能再生，而只能愈合？
3. 为什么人的骨骼是空心的？

"电子人"向我们走来

◆王珏

> 植入芯片的手术并不复杂，就像平常的皮下注射一样，先用一根消毒棉签轻轻地擦洗皮肤，然后做局部麻醉，接下来用皮下注射器像推药水一样把芯片注入体内，最后是在针眼上贴一个创可贴，整个手术就大功告成了。

2002年3月下旬，英国一名控制论教授凯文·沃尔维克将芯片输入身体，成为世界上第一个"电子人"。过了不久，美国佛罗里达州的杰弗里·雅各布斯夫妇与他们14岁的儿子德雷克，在佛罗里达州博卡拉顿的一家诊所接受了手术，三人在各自局部麻醉的情况下，将一米粒大小的名为Ver-iChip的计算机芯片分别植入他们的臂部，成为美国第一代"电子人"。

"电子人"向我们走来。电子人和我们普通人有何不同呢？大凡看过科幻电影《X档案》的人，想必对影片中的电子人记忆犹新。他们拥有人类的身体，大脑却是计算机。在电子芯片的帮助下，他们反应敏捷，智慧过人。长期以来，这种神通广大的电子人一直是银幕世界的虚拟设想。然而，真正的"电子人"将会怎样呢？

雅各布斯一家人植入的芯片，和植入宠物身上防止其失踪的芯片有点儿类似，芯片内记载着身份认证和他们以前的病历。这些信息可由扫描仪读出，并通过电脑或其他手持装置输入网络数据库，以便与每人的医疗档案进行比较。雅各布斯夫妇之所以同意和儿子一起参与芯片植入实验，是希望生病就医时这种技术能提供安全保障。

植入芯片的手术并不复杂，就像平常的皮下注射一样，先用一根消毒棉签轻轻地擦洗皮肤，然后做局部麻醉，接下来用皮下注射器像推药水一样把芯片注入体内，最后是在针眼上贴一个创可贴，整个手术就大功告成了。当皮肤愈合后，芯片就完全看不见了。人植入芯片后几乎感觉不到它的存在。

据这种超微型芯片的制造者美国应用数字方案公司介绍,他们研制的这种超微型芯片,现在虽说还不能像好莱坞电影或者科幻小说中那样替代人的思维和记忆,但本领也相当大,不仅可以根据芯片携带者身份的数据信号来辨别身份,还可保存重要的医疗信息,可以用来找回走失的老年痴呆症病人或是小孩,而且对监控病情也有益处。因为这种精密的芯片,可以接收卫星发出的全球定位坐标,无论芯片携带者身在何处,都可以传回方位信息。美国应用数字方案公司总裁说:"这个芯片完全不会引起生理上的排异反应,既不会有体液渗到芯片里去,也不会有什么东西从芯片里漏出来,内外完全隔绝,十分完美。"

虽然世界首批"电子人"诞生了,然而,这一芯片植入手术,引起了一些保护隐私权益组织和医疗专家的强烈质疑。首先,这种芯片一旦为犯罪集团或专制政权掌握,如果受害者被植入芯片的话,就能全方位控制受害者的一举一动。有了这种芯片,人类还有什么隐私可言?其次,虽然在试验中采用了抗生素,但仍然存在因植入的微小玻璃管泄漏或由于微小玻璃管破裂而引起感染的可能性。因此,芯片长期植入人体后是否会对人体产生负面影响,是人们十分关注的问题。

 这篇文章向我们介绍了一门最新科学技术——芯片植入技术,以及有关这种科学技术的应用反应。

 1.标题中"'电子人'向我们走来"应如何理解?

2.真正的"电子人"和科幻作品中的"电子人"的本质区别是什么?

3.文章最后一段中的"因此"指的是什么?

二

朋友,当你觉得科学像白开水时,当你埋怨科学缺少美时,请睁大慧眼瞧一瞧吧!其实,在这色彩斑斓的科学世界中,奇妙的生物无处不在。

生物科学视野

拉开窗帘

阳光和海风一齐涌了进来

让我们

把封闭的心也打开吧

去拥抱——

这醒来的早晨

这新鲜的世界

克隆技术：生物放大技术

◆晨 曦

克隆可以分为四个层次：微生物或细胞、植物、动物和人，以及在自然界发生的克隆和只有人工条件下发生的克隆。

"克隆"一词是英语词 clone 或 cloning 的音译。我国以前曾将其译为"无性生殖"或"无性繁殖"。什么意思呢？"无性"，当然就是没有阴阳结合的过程，而是由同一个"祖先细胞"通过分裂方式繁殖而形成的纯细胞系，也就是一"群""孙子"细胞。这个细胞系中每个细胞由于基因(遗传信息)彼此是相同的，从而决定了每个细胞由基因所控制的性状(例如细胞的个头性状)是彼此相同的。由于上一代和下一代的遗传信息是一致的，所以可以简单地说，克隆是生命的全息复制。

因此，克隆技术在现代生物学中被称为"生物放大技术"。

所谓"克隆羊"，就是无性繁殖的羊，它没有父母双亲，而是某一只羊的"翻版"后代。形象地说，就像孙悟空拔下一根汗毛再吹口气，便又生出一个甚至成千上万个一模一样的小孙悟空。

克隆可以分为四个层次：微生物或细胞、植物、动物和人，以及在自然界发生的克隆和只有人工条件下发生的克隆。

实际上，在人们身边有许多自然界的克隆存在。"无性繁殖"并不是什么新东西。它在植物界和低等动物中是大量存在的。比如，植株扦插，从一个柳树枝上剪下几根小条，插进土里，以后它就长成相似的柳树；再比如，把土豆切成许多小块埋在土里，再长出的新土豆便是原先土豆的复制和"无性繁殖"。这种"无性繁殖"，也叫"克隆"。在自然条件下，由于许多植物本身就适宜进行无性繁殖，所以，它们很容易形成克隆，在动物界，这种繁殖方式多见于无脊椎动物，如原生动物的分裂生殖、尾索类动物的出芽生殖等。当然，在高等动物中是有性繁殖，克隆基本上是不存在的。

无性繁殖本来是一种低级的生殖方式。生物进化的层次越低，越有可能采取这种生殖方式；进化层次越高，则越不可能采取这种生殖方式。由于低级生物如微生物，采取自行分裂的方法繁殖，分裂后子代与亲代的遗传物质完全同一，因此在这个意义上，微生物的生殖完全就是"克隆"。也就是说，微生物是"长生不老"的。虽然在严格的意义上，微生物的亲代与子代会有若干差异，因为它们的外界营养环境仍然会有差异。现在生物医学研究中用克隆技术在体外培养的正常细胞或癌细胞，也称为"永生细胞株"，意思是说这些细胞是"不死"的。

每一个植物和动物个体，从一株小草到一棵大树，从一只蚂蚁到一头大象，都是由一个细胞经无数次分裂后形成的无数个细胞组成的。每次细胞分裂时，细胞核中的遗传信息都要精确地"拷贝"并平均分配到两个分开的新细胞中，其结果是，尽管叶子和根的细胞不同，肌肉和血液中的细胞不同，但同一个植物和动物个体身上的每个细胞的细胞核中携带的遗传信息是完全相同的。从理论上讲，从动物和植物上取下任何一个细胞，在合适的条件下都能发育成一个新的个体。因为新个体携带的遗传信息和原来个体所携带的遗传信息完全相同，所以也都能克隆。新的个体应是原来个体的"复制品"，这种现象叫做"细胞的全能性"，只有具有全能性的细胞能够克隆，失去全能性的细胞就不能了。

当然，高等动物的受精卵还暂时具有全能性。包括人类在内的高等动物，严格按照有性繁殖的方式繁衍后代，即分别来源于雌雄个体的卵细胞和精子细胞融合，形成受精卵，受精卵经过不断分裂最后孕育成一个新的个体。这就说明，在高等动物体内，只有受精卵能够实现细胞的全能性。这种有性生殖的后代分别继承了父母各一半的遗传信息。所以，要使受精卵进行无性繁殖，科学家必须经过一系列复杂的操作程序。首先要用外科手术除去受精卵的细胞核，或用辐射等手段使受精卵内的细胞核失去活性，然后再用注射器将另一个个体的细胞核转换到已去除细胞核的受精卵中。20世纪50年代，科学家用上述方法已经成功地无性繁殖出一种两栖动物。

当受精卵发育成胚胎细胞时，部分动物的胚胎细胞还具有全能性，也还能利用它进行克隆。这种研究是从胚胎分割研究入手的，当牛的受精卵细胞经数次分裂后形成一个小细胞团——胚胎时，科学家将胚胎分成两半，并分别移植到两只母牛的子宫中，最后生出了两只"双胞胎牛"。随后，科学家们又开始进行胚胎细胞的核移植研究。当一个受精卵经过分裂形成数个或十几个细胞后，将这些细胞分开，再将这些细胞的细胞核取出，分别移植到别的已去掉细胞核的受精卵或细胞中，再分别移植到雌性动物的子宫中孕育成熟，这样，一个受精卵就产生了大量"多胞胎"。核移植后的细胞，分裂后获得的第二代细胞还可以再进行核移植，还有第三代、第四代……这样一个受精卵就会产生无限多的"多胞胎"，这种核移植的技术也是克隆技术中的一种。

在动物上一直采用卵细胞、受精卵细胞以及胚胎细胞来进行克隆，直到英国科学家维尔穆特博士采用羊的体细胞克隆成功。他培育成功的绵羊"多利"，因其细胞核来自一头成年绵羊身上的乳腺细胞，这比胚胎细胞克隆更进了一大步。因为乳腺细胞作为一种体细胞已失去全能性,克隆羊"多利"的科学意义正在于此。

克隆技术的应用十分广泛。首先,它是种植业和畜牧业中选育遗传性质稳定的优质品种的理想手段。

其次,克隆技术在医学领域的应用具有十分诱人的前景。目前,美国、瑞士等国已经能够利用克隆技术培植的人体皮肤进行植皮手术。不久前,有一位美国妇女在一次煤气炉意外爆炸中受伤,75%的身体被严重烧伤。医生从她的身上取下一小块未损坏的皮肤,送到一家生化科技公司。一个月后,该公司利用先进的克隆技术培植出了一大块健康的皮肤,使患者迅速地痊愈了。这一新成就避免了异体植皮可能出现的排异反应,给病人带来了福音。科学家预言,在不久的将来,他们还将借助克隆技术"制造"出人的乳房、耳朵、软骨、肝脏,甚至心脏、动脉等组织和器官,供应医院临床使用。

再次,克隆技术还可用来大量繁殖许多有价值的基因,例如,在基因工程操作中,科学家们为了让细菌等微生物"生产"出名贵的药品(如治疗糖尿病的胰岛素、有希望使侏儒症患者重新长高的生长激素和能抗多种病毒感染的干扰素等),分别将一些相应的人体基因转移到不同的微生物细胞中,再设法使这些微生物细胞大量繁殖。与此同时,人体基因数目也随着微生物的繁殖而增加。在人体基因被大量"克隆"时,微生物将大量地"生产"出人们所需要的名贵药品。

科学无处不在,即使在最微不足道的生物身上,作者用通俗易懂的语言将深奥的科学介绍得简单易懂。文章语言平实,条理清晰,通俗易懂。

1.读完本文,了解了"克隆"技术有如此奇妙的功用及其重大的意义。据报道"克隆"人类自身已不再有技术上的问题,可世界上有一百多个国家立法禁止"克隆"人类。想一想,从多角度分析,简洁扼要地把你的观点写下来。

2.其实克隆在我们生活中早已存在,比如植株的扦插,请问这类克隆与克隆羊"多利"有什么区别?

3.克隆技术在哪些领域得到应用?除了文中提到的,你还能想到哪些?

全息胚：生物科学的新发现

◆韩 韦

生物体都是由全息胚组成的，生物体的每一级全息胚都含有整体的全部信息，高发育程度的全息胚都是整体的缩影。这就是全息胚学说对生物体的认识。

（一）

地球上形形色色的生物有几百万种。它们千姿百态，生活在各种环境里，使大自然到处都呈现着勃勃生机。

生物界蕴含着无穷的奥秘，自古以来，人们都在努力地认识着生物。

由于显微镜的发明，17世纪英国科学家虎克首次看到了植物的细胞。150年后德国科学家施来登和施旺确立了伟大的细胞学说。

细胞学说正确指出：细胞是生物体统一的结构单位，一切生物体都是由细胞组成的。

但是，生物体是复杂的。除了细胞之外，生物体还有没有别的统一的结构单位呢？

山东大学张颖清教授对这个问题进行了长期的观察研究。他提出了全息胚学说，揭示了生物体上存在着另一种统一的结构单位和功能单位，那就是：全息胚。

（二）

大家知道，一个鸡蛋的蛋黄是鸡的一个卵细胞，受精的鸡蛋能够孵化出小鸡。生物体的受精卵都含有生物体的全部信息，能够发育成新的生物体。

生物体上的一般体细胞，也含有生物体的全部信息，有着发育成新的生物体的能力。

在实验室里，植物体上许多部分的细胞，都可以在培养基上长成完整的新植株；把发育初期的小白鼠胚胎分割成若干个体细胞团，然后植入母鼠的子宫里，这些体细胞团便会发育成一个个长得一样的小白鼠。

在自然条件下,动植物的体细胞在动植物本体上,也在表现着它们向新的生物体发育的能力。不过,由于受到整体的控制,它们在发育过程中便会发生特定的变化,最后特化成为生物整体的一个组成部分。比如,在植物体上会成为一个分枝,一张叶片,一个花朵;在动物体上会成为一个器官,一个节肢,等等。

生物体的各个部分都是由体细胞发育和特化而来的。它们虽然形态不同,功能各异,但它们都含有生物整体的全部信息,都是特化了的胚胎,所以,张颖清教授把它们叫做全息胚。

(三)

在植物体上,许多全息胚的胚胎性质是十分明显的。

大仙人球上长出的许多小仙人球,蟹爪兰的每一节变态茎,都是发育程度很高的全息胚,把它们取下来栽种就能发育成一株新的植株。"落地生根"叶片边缘长出的一个个幼体,有根有叶,胚性十足,落地就能成活。榕树的分枝都长着气生根,这表明一个分枝就是一个全息胚。在松树上,虽然分枝的气生根不见了,但我们还是可以看出它的胚胎性质:松树的大分枝发育程度很高,长得和小松树很相似;小分枝发育程度较低,长得和松树幼苗一模一样。竹节海棠的每一节茎秆都是特化的胚胎,所以扦插就能成活。景天树的一片落叶能在地上生根发芽;杨树的叶子实际就是一株扁化了的杨树;油松的一束针叶就是长在树上的一棵两叶期的小苗:植物的叶子都是发育程度不同的全息胚。植物的根茎和块茎,也都是特化的胚胎,生姜、美人蕉、马铃薯等,不都是可以利用根茎或块茎来繁育新的植株吗?

(四)

和植物体一样,动物体的各个部分也都是全息胚。

淡水水螅母体上长着一个个芽,就像植物的分枝一样。每个芽都有着胚胎性质,脱离了母体就能独立生活。蚯蚓的大部分体节都有同样的内脏和相同的结构。每一节都是一个特化的胚胎,所以把一条蚯蚓切成两段,也就可以长成两条蚯蚓。

斑马的全身布满条纹,颇为奇特。可是你知道吗?它身体各个主要部分的条纹数是相等的——都是11条。这正是斑马体上各个主要全息胚的胚性显示。

如果说,人体的各个节肢和器官都是全息胚,这似乎很难使人理解。但事实上人类和其他高等动物一样,并无例外。比如,在人体的每个节肢上都长着一根长骨,而人的早期胚胎上,则长有脊索这样一根原始的骨骼。你看,脊索是长在胚胎的背侧,而长骨是长在节肢的背侧。实际上,长骨就是由脊索特化而来的,节肢就是特化的胚胎,人体的每一个节肢都是如此。

(五)

生物体的各个部分都是全息胚,生物体又是怎样由全息胚组成的呢?

谁都能看出,一株仙人掌是由一节变态茎这样的全息胚组成的,斑马是由各个大的高发育程度的全息胚组成的。

但是,如果只是这样来认识生物,那还是很不够的。事实上,每一个多细胞生物体都是一个多级别的全息胚组成。

比如,整个一棵松树就是第一级全息胚,各个主分枝是第二级全息胚,各个次分枝是第三级全息胚,各个小分枝是第四级全息胚,小分枝上的一束束针叶是第五级全息胚,而细胞则是末一级全息胚,枝繁叶茂的植物体就是这样由全息胚组成的。

再如,人的身体也是一个结构复杂的全息胚组成,单是人的一个节肢就有许多级全息胚。

生物体都是由全息胚组成的,生物体的每一级全息胚都含有整体的全部信息,高发育程度的全息胚都是整体的缩影。这就是全息胚学说对生物体的认识。

(六)

全息胚学说的提出,不仅有重要的理论意义,而且它还有着广泛的实用价值。

人参,自古以来都是以根入药,人们以为只有人参的根才含有较多的药用成分——人参皂甙。根据全息胚学说,人参的茎叶花果和根一样,都是全息胚,它们里面也会有人参皂甙这种成分。分析研究证明,人参皂甙在茎叶花果中的含量有的比根内还高,应很好开发利用。

生活在亿万年前的古生物,很多都早已灭绝了,人们常常只能在地层中找到它们一些残缺不全的化石。全息胚学说指出:高发育程度的全息胚都是整体的缩影,这样,古生物学家也就可以根据化石所提供的部分全息胚形态来研究整体的形态,再现古生物的面目。

在农业生产方面,根据全息胚学说,应用全息定域选种法,有明显的增产效果。如:种玉米选取玉米棒子中间部分的籽粒做种子,可增产10%左右;种马铃薯用块茎的下半部分做种子,可增产15%左右。

在医学方面,全息胚学说的提出,使我国历史悠久的针刺疗法有了现代科学的理论基础,同时也给医学增添了一种新的诊疗方法——生物全息诊疗法。用这种方法可以有效地诊断治疗许多种疾病。

全息胚是一个比较陌生的话题,本文作者分六个部分为我们介绍了全息胚这一生物科学的新发现。文章第一、二部分引出课题,第三、四部分分别从植物、动物中更深入地介绍全息胚,第五、六部分说明全息胚学说提出后的理论意义。

文章层次分明,逻辑性强,知识性强。

1.查阅资料,在农业、医学等方面更全面、更深入地了解全息胚学说。

2.阅读全文,概括说明生物体是怎样由全息胚组成的?

细菌是怎样发现的

◆高士其

有些细菌,是土壤里的活动家,像化腐细菌,
能够分解大粪、动植物尸体里的蛋白质,使蛋白
质变成硝酸盐,供给植物需要。

细菌,是一大群眼睛看不见的微生物,它们经常在我们的周围活动。

不论在空气里,水里,泥土里,垃圾堆里,动植物的身上,阴暗潮湿的角落里,都有细菌。

一听细菌这个名字,你别以为它们都是坏蛋。它们有的还是人类的好朋友呢!像酵母菌,它就是发酵的小技师。它有一套特殊的本领,一落到糖汁、果汁里面,在适当的温度下,会把糖分解成酒精和二氧化碳,帮助我们造酒。有些细菌,是土壤里的活动家,像化腐细菌,能够分解大粪、动植物尸体里的蛋白质,使蛋白质变成硝酸盐,供给植物需要。还有像乳酸细菌,会使萝卜、白菜等发酵,制造成酸菜……因为这些细菌都是对我们有益的,所以叫益菌。

而另外一部分，专门会使人害病的坏蛋，就叫病菌。

不管是益菌也好，病菌也好，它们的个儿都小极了，人们看不见它们。所以，在近300年以前，全世界还没有一个人知道地球上有细菌存在。

后来是怎么知道的呢？

是显微镜帮的忙。

显微镜是科学的眼睛。它揭穿了微小世界的秘密，使人看到了细菌的活动。

那么，又是谁发明了第一架显微镜呢？

是荷兰人，他的名字叫詹森。

詹森的父亲是个装配眼镜的工人。詹森在少年时代，很喜欢在父亲的工作台上玩耍。有一次，他把两块磨好的透镜，装在铜管子里，用它来看书本上的字，字就变得很大很大。他把这件事告诉了父亲，父亲很高兴，就照着他的装置，制成了第一架显微镜。

这是1590年的事情。

但是这种显微镜太粗糙了，用它只能看见昆虫的幼虫，还不能看见细菌。

是谁第一个发现细菌的？

也是荷兰人，他叫列文虎克，是一个看门的老工人。

他是一个制造显微镜的土专家。他爱好磨镜头，常常把磨好的透镜，装在金属架子上，制成各种各样的显微镜。

他制造的这些显微镜，有的能放大150倍，有的能放大270多倍。用来观察各种微小的东西，像蚂蚁、跳蚤、细胞和血球等，都能看得很清楚。

有一天，列文虎克想研究辣椒为什么有辣味。他把辣椒泡在水里，过了三个星期，取出一滴辣椒水来，放在显微镜下进行观察。

啊，真奇怪，他忽然发现，水里竟有许许多多各种各样的小生命在活动着，其中有一种最小的，还能在它们中间穿来穿去，非常活泼，多么有趣啊！列文虎克真是又喜悦又激动。

原来这些小东西就是细菌。

这是1683年的事情，离开现在快有300年了。

后来，他又从人和动物的粪便里，他自己牙齿上的脏东西里，都发现了这类小生命。他曾写道："我嘴里的细菌比荷兰的人口还要多……"后来，他写了一篇报告，还把这些东西的样子画出来，送给英国伦敦的皇家学会。

开始，有很多人不相信列文虎克的发现。后来，经过许多人的观察、研究，证明这是完全正确的。

这以后，研究细菌的人一天天多起来了。不过，他们对细菌活动的真实情形，还不太明白。到100多年前,法国有个科学家叫巴斯德,他用实验证实了,各种不同东西的发酵,是由不同的细菌引起的。比如,使酒发酵的是一种细菌,使醋发酵的是另外一种细菌。

再后来,经过很多人的辛勤努力,使人们害病的结核菌、伤寒菌、霍乱菌等,也都一个个被发现了。人们抓到了这些传染疾病的凶手。就能想出办法来对付它们,预防和治疗疾病了。

  "细菌是怎样被发现的"是一个有趣的问题,很多人可能对此都不甚了解,作者深入浅出,层层剥笋般地为我们勾勒出细菌发现过程的脉络图,为我们解开了这个谜。思路清晰,条理连贯,语言生动、准确,是这篇文章最突出的优点。同时在说明过程中,作者还有意识地运用了举例、分类、比较、讲故事等方法,使人读来趣味盎然,受益无穷。

1.阅读本文,你是否了解了细菌是怎样被发现的?
2.生活中我们该怎样更好地利用益菌,而预防病菌呢?

甲 子 谈 鼠

◆夏 衍

  老鼠生命力强的另一个特点,是它什么东西都吃,从五谷、蔬菜、植物根块(土豆、白薯、甜菜……),到肉类、皮骨,甚至人类穿用的皮鞋、纽扣。

  我是庚子年出生的,肖鼠。今年又逢甲子,忽然想起写点儿应景文章,谈谈老鼠。

  远古以来,我们中国人不论在文化上,在科学上,都对人类进步,作出过很多很大的贡献,但遗憾的是作为四害之首的老鼠,现在已经科学家证明,它的原生地是中国中部,而它的危害则已经遍及世界。

  在我念大学的时候,老鼠的原产地是什么地方,在科学界已经是一个有争论的问题。那时大部分动物学家都认为老鼠原产于墨西哥,但也有人认为原产地是中国,有些专家还认为欧洲之有老鼠,是成吉思汗西征时带到东北欧的。直到近年,由于我国考古发掘的进展,在安徽潜山发掘出了距今5500万年前的晓鼠和它的牙齿化石,接着,又在湖南衡东发现了距今5000万年的钟健鼠化石。经过我国科学院古脊椎动物学和哺乳类动物学专家的研究,证明了晓鼠是最接近鼠类祖先的动物,它的起源可能上溯到8000万年的白垩纪中期。这一判断现在已经得到了世界上许多哺乳类动物学专家的承认。因此,老鼠这种害物原产于中国中部这种说法,似乎已经是难于推卸的了。

老鼠这东西有百害而无一利,这是无可辩驳的事实,要举它的罪状,可能不止十条,其中最重大的,一是糟蹋庄稼,二是传染疾病。现今世界上鼠口远远超过人口,有些地方鼠口是人口的3倍乃至4倍。据1983年秋在安徽合肥召开的老鼠问题研究会的材料,据说地球上现有各种老鼠100亿只,而每年被老鼠消耗的粮食为2000亿斤;至于传染疾病,一般人只想到鼠疫。其实,鼠类会传染多种疾病,单讲斑疹伤寒,第一次世界大战后在苏联和东欧,这种疾病就夺去了几百万人的生命。

人类是聪明的,随着科学的发展,我们终于消灭了天花、霍乱,可是直到现在,尽管不断地发动灭鼠运动,而鼠口还在继续增加,这是什么原因?也许可以说,这和野火烧不尽的野草有相似之处。老鼠之所以难以消灭,它的厉害之点有二:一是生命力强,二是繁殖力强。前者是它能适应各种最恶劣的环境(甚至有人说,原子弹废墟上最早出现的动物是老鼠),和人类共处的,就是我们常见的家鼠,在田野的就是田鼠,它的牙齿特别锋利,不仅木竹建筑的房屋,连水泥墙壁它也能够打通。它聪明狡猾,古来有黠鼠之称,它不仅能挖洞,而且会积粮,我还看到过两只老鼠合作,偷走一个鸡蛋。老鼠生命力强的另一个特点,是它什么东西都吃,从五谷、蔬菜、植物根块(土豆、白薯、甜菜……),到肉类、皮骨,甚至人类穿用的皮鞋、纽扣。生殖力强,那更是近于奇迹:一只母鼠出生后3个月就能受孕,每年可以怀胎10次,每胎可以生仔六七只甚至20只!

根据以上的特点,细菌学界泰斗真萨博士(Zinsser)在他的名著《老鼠·虱子和历史》中指出:在所有脊椎类动物的哺乳类动物中,只有老鼠和人类有特别相似的特点。一是食物方面,一般动物草食类和肉食类是分得很清楚的。牛羊、斑马、长颈鹿等等都是草食类,虎、豹、狮子都是肉食类(猫狗之类长期被人驯养的家畜除外),而老鼠则和人类一样,什么东西都吃,因此近年来非洲酷旱,象和其他草食动物大量饿死,而鼠类却照样繁衍,不受影响;二是生殖方面,一般动物,多数是每年发情一次,最多也不过两次,而老鼠则和人一样,每月都可发情,都可受孕,因此,保加利亚一位妇女一胎生了六婴,新闻媒介就要大肆宣传,而老鼠一胎生下十六七只,谁也不会认为这是奇闻。

　　号称万物之灵的人类，千百年来未能消灭乃至控制鼠类的繁衍，这使我想起了世界上的生态平衡和某种稀有动植物的保护问题。从《诗经》里的"硕鼠硕鼠，毋食我黍"算起，中国人吃这小动物的苦头，最少也有几千年了，人口 10 亿，听了谁也害怕，鼠口 100 亿，倒反而无可奈何。这说明要保持生态平衡，必先从食物和生育这两方面着手。去年四川箭竹开花，熊猫遭灾，我们当然要全力抢救保护。但从熊猫本身来说，它们逐渐减少乃至濒于绝灭，一要怪它自己的偏食，二要怪它自己生殖力太差。我有一种痴想，万物之灵在科学昌明的时代，能不能针对它们这两个弱点下点儿功夫，让这种雅俗共赏、老少咸欢的动物不仅不绝灭、反而更繁衍呢？我看是可以的。熊猫并不笨，福州和上海动物园里的熊猫都学会了杂技，我也看见过它们吃竹叶以外的食物。熊猫生殖力弱，这倒的确是个难题，生物学家是不是可以把它作为课题，认真地攻一攻这个关呢？

　　根据客观环境的变化，一些生物要绝灭，这也是一条不以人类意志为转移的规律，恐龙这种大家伙，不是早在几千万年之前就绝灭了么？但是对于哪些东西可以让它绝灭，哪些东西必须予以抢救，我想我们人类似乎应该有个主动的抉择，应该有个方案的。蚊子、苍蝇、老鼠是完全应该绝灭的，打麻雀则是一桩冤案，尽管平反了，但繁殖不快，还当加以保护。麻雀也是杂食鸟，主要吃的是害虫，因此它是益鸟，为了消灭害虫，为了生态平衡，我希望农村收购站不要再收麻雀，饮食店的菜单上也应该删除这一珍肴了。

　　写到这里，在美国报上看到一条消息，说加州大秃鹰真的快要绝灭了，报上说，这种两翅伸开时长达三米的大鸟，现在除了饲养在动物园的之外，自然界只有十七八只了。美国是自称大力保护生态平衡的国家，加州大秃鹰为什么会遭到如此不幸呢？其原因完全和熊猫相似，一是这种秃鹰是肉食鸟，但没有捕杀地面兽类的本领，而主要以地上的兽尸为食。工业发达，城市面积扩大。狐兔之类的腐尸少了，它的食物也相应减少，同样，它的生殖力更弱，据说它两年才生一个蛋，而这一个蛋的成活率只有 50%。

　　甲子谈鼠，却说了些对鼠不利的事，这真是没有办法。

　　　　这是一篇漫谈性质的科普文章，作者思绪翩翩，文笔活泼跳动，不拘一格。作者从自己的生肖到科学界关于老鼠原产地的争论，从老鼠的罪状到老鼠的厉害，从灭鼠的困难到保护珍稀物种，从中国大熊猫到美国大秃鹰，一路谈开去，看似漫不经心，实则围绕着老鼠做文章，撒得开又收得拢，是一篇可读性很强的科普文章。

1.文章标题为"谈鼠",而作者却运用不少篇幅谈到了熊猫、麻雀、大秃鹰,这样对文章有什么作用?

2.你所生活的环境有老鼠吗?想想你将怎样做?

神奇的生物导弹——赤眼蜂

◆张卫平

> 如果病毒是杀死害虫的"弹头"的话,赤眼蜂就成了精确的"导弹制导系统";有了足够数量的赤眼蜂,再加上昆虫病毒,生物导弹就可以合成了。

据中科院生态所做的测定,喷洒的病毒制剂中,真正能对害虫起作用的只占1%,65%流失在空气和土壤当中,34%被作物吸收了,即99%都白白浪费了。

中科院武汉病毒所的研究员彭辉银领导的课题组发现了病毒针对害虫的最有效的攻击部位和方式:昆虫是靠卵面带毒来传递病毒的,如果使害虫的卵面带毒,就能提高昆虫病毒的攻击效率。彭辉银想到了一种专门在昆虫卵内寄生的昆虫天敌——赤眼蜂。

害虫在产卵时会释放一种信息素,赤眼蜂能通过这些信息素很快找到害虫的卵,它们在害虫卵的表面爬行,并不停地敲击卵壳,快速准确地找出最新鲜的害虫卵,然后在那里产卵、繁殖。赤眼蜂由卵到幼虫,由幼虫变成蛹,由蛹羽化成赤眼蜂,甚至连交配怀孕都是在卵壳里完成的。一旦成熟,它们就破壳而出,然后再通过破坏害虫的卵繁衍后代。

彭辉银课题组用柞蚕卵来繁殖赤眼蜂,并将自己研制的适应赤眼蜂携带的病毒剂型均匀地雾化喷洒在柞蚕卵的表面。当赤眼蜂咬破壳从柞蚕卵里爬出来时,每个蜂子身上可粘上50～200个病毒。此时赤眼蜂最急于要做的事就是找到寄生卵,完成新的产卵过程。就在赤眼蜂敲击每个害虫卵壳的同时,病毒也就粘到了卵壳上,传递给了后者,从而杀死害虫。

如果病毒是杀死害虫的"弹头"的话,赤眼蜂就成了精确的"导弹制导系统";有了足够数量的赤眼蜂,再加上昆虫病毒,生物导弹就可以合成了。一枚生物导弹外表上只是一个普通的小纸盒,在里面存放着60粒表面附着大量昆虫病毒的柞蚕卵,如果按每个柞蚕卵孵化出 60 头赤眼蜂,每一头赤眼蜂携带 100 个病毒计算的话,一枚生物导弹可以释放出 36 万个病毒。

生物导弹维持了自然界原有的平衡。

1997 年,湖北省某林场突然爆发了有史以来最大的一次松毛虫灾。不到半个月,疯狂蔓延的松毛虫把嫩绿的松针吃得精光,四季常青的松树林变得一片枯黄。林场职工在彭辉银的指导下,用了两天的时间,在松树林挂上了生物导弹。转年,整个林地都恢复了,至今 5 年了,林场都没再发生过大规模虫灾。

实验证明,生物导弹制导方向准确,传播病毒能力强,只用 5 枚生物导弹就可以控制一亩地范围的松毛虫流行。

生物导弹防虫技术操作十分方便:通过携带不同的病毒,它能有效控制 60 多种危害植物的害虫流行;对高山、森林防虫,不用运水上山,大大降低了劳动强度;它可以在经济林、蔬菜、茶园、果树等不同领域使用。

使用生物导弹防治害虫后,可以长期不发生虫灾,而且害虫又保持一定数量,这样病毒在害虫种群内部可以长期发生作用,同时因为减少了化学农药的使用,使环境污染大大减轻,自然状态下的生物种群和数量大幅度恢复,引回了许多昆虫。在昆虫内部,建立了良好的循环状态,相对控制了害虫的数量,使其很难达到爆发成灾的程度。

本文是一篇关于昆虫的天敌,神奇的生物导弹——赤眼蜂的说明。作者运用举实例、列数据的说明方法,为我们详细说明了赤眼蜂是怎样预防、治害虫的。文章说明形象生动,层次清晰。

1. 彭辉银发现了病毒针对害虫的最有效的攻击部位和方式后为什么想到了赤眼蜂?

2. 将"病毒"比作杀死害虫的"弹头",将"赤眼蜂"比作精确的"导弹制导系统"有什么好处?

3. 使用生物导弹防治害虫的优点有哪些?

蚯蚓生物反应器

◆茹洪江

目前,科研人员已经研制出多种蚯蚓生物反应器,有适合于家庭使用的小型简易反应器,也有适合于社区和动物养殖厂、甚至垃圾处理场的大型生物反应器。

垃圾是城市的副产品,城市的规模越大,生产的垃圾就越多。处理过量的垃圾是各国面临的一个日益严重的社会问题。中国的这些垃圾大多被填埋处理,不仅浪费了大量资源,而且垃圾得不到完全降解,容易产生二次污染。

现在,一项新的垃圾生物处理技术在日本、美国等发达国家开始逐渐盛行,这项技术利用了我们非常熟悉的古老生物——蚯蚓。蚯蚓的消化道是一个天然的有机废弃物处理厂。通过不断地吞食消化,蚯蚓可以把垃圾变成与人类有益的东西:蚯蚓肠道中能分泌出多种生物活性成分,一些矿物质经过蚯蚓处理后会变成易被植物吸收的养料,蚯蚓粪酸碱度适宜,具有保水、保肥性能,含有植物所需的微量元素,是绿色环保的生物肥料。在能够形成良性循环的处理垃圾的生态系统中,蚯蚓是当之无愧的主角。

在发达国家,蚯蚓处理垃圾已经进入了家庭,并成为一种时尚。随着应用蚯蚓规模的不断扩大,可以自动控制温度和湿度的蚯蚓生物反应器也问世了。

国外的蚯蚓生物反应器对于垃圾分类的要求非常严格,像城市污泥、动物粪便等不同的废弃物要由不同的反应器来处理,这样的蚯蚓生物反应器技术我们不能照搬,因为我们的垃圾还没有实现分类收集,各种物质混杂,蚯蚓对此无能为力。中国农业大学的孙振军教授把研制适合中国情况的蚯蚓生物反应器作为自己的科研方向。

蚯蚓生物反应器运行的前提是有大量蚯蚓。孙振军将经过2000次杂交培育出的日本的赤子爱胜蚓与美国的加州红蚓混群养殖,分代选育,采用自然杂交,饵料诱导的方法,培育出了繁殖率高、适合于中国城市生活垃圾的改良型赤子爱胜蚓。

通过长期摸索,孙教授掌握了蚯蚓的生活习性。他知道,赤子爱胜蚓在26℃左右最活跃,在湿度70%左右时活性最好,酸碱度应偏弱酸。他通过对各种环境因子的改变来控制蚯蚓的活跃程度,并使蚯蚓在反应器中最大密度地存在——蚯蚓的密度越高,越能提高反应器的效率。

蚯蚓为什么能够消化垃圾,国际上说法不一。有人说蚯蚓利用的是废弃物中的一些营养物质,有人说它采食的是废弃物中的微生物,还有人认为两者兼有。不同的认识,导致了生物反应器设计上的不同技术路线。孙教授的实验证明,蚯蚓是以真菌类和细菌类为主要食物的,能够消化废弃物是它们和某些微生物共同作用的结果——微生物把垃圾中的有机废弃物变成腐烂的蚯蚓可以吞食的物质,更重要的是,大量的微生物就包含在这些物质当中,蚯蚓主要通过吞食微生物获取营养。

这样,孙教授改变了国际上研究反应器只单纯研究蚯蚓的通行做法,把垃圾预处理与蚯蚓生物反应器组合成为一个系统。他们先对垃圾进行简单处理,把其中的玻璃、塑料、金属和橡胶挑出,剩下的有机物再进行发酵。这不仅克服了因国内垃圾不分类而不适用蚯蚓处理的难题,而且,通过发酵,垃圾内部可以产生60℃~70℃的高温,进一步调控后,正好可以提供蚯蚓进食的最佳温度,大大提高了反应器的效率。

蚯蚓生物反应器在实验室已经研究成功,下一步的工作就是要把这项科研成果尽快转化为产品。

唐山的刘富礼,他的蚯蚓养殖厂年产蚯蚓 3 万多公斤。近年来,市场竞争激烈,刘富礼渴望高科技含量的新技术。

刘富礼找到了孙振军,双方决定合作,共同开发蚯蚓生物反应器产品。

这时,蚯蚓生物反应器的研制被唐山市列入科技攻关的重点项目,科技主管部门给予大力支持。原来,位居全国第三大奶牛县区的唐山市丰润区正在筹建奶业高科技园,他们对 6 万余头牛存下的大量粪便一直没有找到理想的处置办法,蚯蚓生物反应器让他们有了主张。

应用单位、生产单位和研究人员三方协作,2002 年 5 月,长 20 米、宽 2.5 米的大型蚯蚓生物反应器在河北唐山诞生了,它每天可处理有机废弃物 6 吨,同时产出生物肥料 4~5 吨。与国外同类产品相比,这台生物反应器结构更简单,成本更低,更适合在中国推广应用。

目前,科研人员已经研制出多种蚯蚓生物反应器,有适合于家庭使用的小型简易反应器,也有适合于社区和动物养殖厂、甚至垃圾处理场的大型生物反应器。蚯蚓生物反应器的诞生将使我国的垃圾生物处理技术达到一个新的水平。

垃圾处理问题是目前世界各国都比较头疼的问题，好在目前日本、美国等发达国家通过对一种古老生物——蚯蚓的研究，研制了一项新的垃圾生物处理器。我国的垃圾没有严格的分类收集，中国农业大学的孙振军教授通过长期摸索，掌握蚯蚓的生活习性，研制了适合中国的蚯蚓生物反应器。

文章语言准确、平实，层次清晰，让深奥的科学变得简单易懂。

1. 在日本、美国等发达国家开始逐渐盛行的一项新的垃圾生物处理技术为什么会选择蚯蚓为主角？

2. 孙教授知道了"赤子爱胜蚓在 26℃ 左右最活跃，在湿度 70% 左右时活性最好，酸碱度应偏弱酸"，这对蚯蚓的生活习性有什么作用呢？

3. 读完本文，你知道了蚯蚓是可以用来处理垃圾的，除此以外你还知道哪些既高效又环保的垃圾处理方法，或者你也能动脑筋想出比较好的方法。

小海马为什么是父亲生的

◆佚 名

海马尾部很长，由多节组成，并能灵活屈伸，
用尾弹跳。它的背鳍像一面锦扇，经常摇动着维
持平衡，做直立游泳，动作优美活泼。

温暖的海底，尤其是浅海区域，分外光明灿烂。那里有胜过陆地森林草原的海底植物，有嬉游其间形形色色的动物。生长在海底的红、白珊瑚，像庭园里栽培着的花木；附生在岩礁间的红、绿海葵，如同庭园里种植的花草。这个碧水莹莹、色彩缤纷的海底世界，人们把它比作"水晶宫"，真是十分恰当。

生活在"水晶宫"里的奇怪角色要算是海马了。这种体长只有 10～20 厘米的奇特鱼类，其头形似马头，故称它为"海马"。海马尾部很长，由多节组成，并能灵活

屈伸,用尾弹跳。它的背鳍像一面锦扇,经常摇动着维持平衡,做直立游泳,动作优美活泼。

海马不仅相貌特殊,繁殖习性也很特别。当繁殖季节到来时,雄海马的体侧腹壁向体中央线方向发生皱褶,慢慢地合成宽大的"育儿袋"。雌海马就将卵产在雄海马的育儿袋里(雌海马无育儿袋),卵总数在百粒上下,就在育儿袋里进行胚胎发育。这期间,育儿袋里会产生浓密的血管网层,和胚胎血管网取得密切联系,以供应胚胎发育期需要的营养,等到幼海马发育完成,雄海马就开始"分娩"了。

海马的繁殖方法为什么这样特别呢?

因为浅海情况十分复杂而凶险。尤其是到了春夏两季,各种海生动物都要由深海或远洋洄游到浅海里来,进行一年一度的交配和繁殖。一向寂静的浅海区,这时就分外热闹。同时,弱肉强食的"种间斗争",也就特别火热起来了。成年动物会大批遭到伤亡,幼小动物更难逃脱,尤其是刚产下的大批动物卵子,简直成为动物互相争食的佳肴了。例如鳕鱼一次产卵竟达千万粒,真正能变成幼鱼的卵可能还不到1%。因此,动物的保种斗争,也就一代比一代加强了。

海马是浅海的老住户,保卵适应当然比其他动物更要巧妙些。不仅雌海马将卵产在雄海马的育儿袋里,而且它们由卵生演进到类似胎生的地步,这样,就容易保证全部的卵都发育成小海马。

"小海马为什么是父亲生的",本文标题便提出一个非常有趣的生物课题,引人入胜。开篇为我们简单介绍了神秘的海底世界,从中引出了水晶宫里的奇怪角色——海马。接着介绍了海马的形态特征,繁殖习性,然后用一个问句作转折,揭开了小海马为什么是父亲生的这一谜团。文章语言生动形象,行文详略得当。

1.海马是"水晶宫"里的奇怪角色,它"奇"在哪里?
2.雌海马将卵产在雄海马的"育儿袋"里的主要原因是什么?
3.这篇文章在语言上有什么特点?

蜜　蜂

◆诸葛群

蜜蜂采蜜时有这样一种特性:如果野外有很
多种花开着,蜜蜂便分组去采集,一组蜜蜂始终
采集同一种花,决不随便改换。

前些天,报纸上报道了前苏联农学家的实验:蜜蜂传粉能使农作物大大增产,
例如,使向日葵增产 25%到 30%,使黄瓜增产三四倍。自然,蜜蜂的功劳还不止于
此,它们还能生产大量的蜜、蜡等等。现代养蜂技术进步了,蜂蜜的收入也大大提
高了。试看最近开幕的全国农业展览会吧,湖北金水农场、辽宁锦州畜牧场等单
位,每群蜜蜂每年可收蜂蜜三四百斤以上。

人们都知道,每个蜂群里都有一个"蜂王"。其实,它只是一群蜜蜂的母亲。它
出生后几天,外出跟雄蜂交配,以后便一生在蜂群里忙着产卵。挺忙的时节,每天
要产卵 2000 多颗。这些卵的重量,比它的体重还大。

真正当家做主的蜂,叫做"工蜂"。它们数目最多,一个群里多的有八九万,少
的也有几千。我们日常所说的和能看到的,都不外是这种蜜蜂。它们发育不完全,
没有性的要求,但工作热忱却很高,担负着蜂群里的一切工作。出生刚一二天的工
蜂,就担当起送饲料、喂小蜂的工作。不要小看这件工作,须知蜂王产出来的每颗
卵,大约都需它们送进饲料 8000 次之多,才能养育成蜂呢。稍大一些的工蜂,开始
泌蜡造巢。这也是一桩辛苦的事,不过由于互相合作,一个蜂群常常能在一天一夜
里造成一二万个巢房。巢房一律都是整齐的六角形的,这曾使数学家大为惊讶,因
为如果采用任何其他形式,都不能比这种巢房更坚固、更省蜡了。更大一些的工
蜂,担负外出采集的工作。它们采集的范围,平常只在一二公里以内的地带里。在
祖国的南方,现在你已能看到蜜蜂在花丛中穿梭了:它们嗡嗡地振着翅,伸出长长
的吸管(喙),紧张地吸着花蜜,把蜜汁吸到腹部的蜜囊里带回巢去。蜜囊并不大,
每次只能装载 40 毫克(1000 毫克才等于 1 克)花蜜,带回巢后,还要排去约 50%的
水分,才酿成蜂蜜。蜜蜂为了要采集和酿造 1 公斤的蜂蜜,大概必须采集约 800 万
到 1000 万朵花,要飞行共约 13 万公里。但是,尽管采蜜工作这样繁重,由于合力
同心,集腋成裘,蜜蜂仍能采大量蜜汁。此外,蜜蜂还能采集大量花粉,例如一个拥
有 4 万采集蜂的蜂群,一天采集的花粉就可多达 20 公斤。蜜蜂采集回来时,在它
的两腿上,你还可看到米粒般大的黄色或是紫色、灰色的东西,那就是从它自己身

上刷下来的两团花粉。这里要特别提一下，蜜蜂采蜜时有这样一种特性：如果野外有很多种花开着，蜜蜂便分组去采集，一组蜜蜂始终采集同一种花，决不随便改换。蜜蜂传粉效率所以有那么大，从这特性就可看出，因为植物一般只有用同种的花粉才能受精结实。现在，在俄罗斯的农业中，已在用"训练蜜蜂"的方法，使蜜蜂按照人的意志传粉了。

工蜂一生勤劳不息，白天外出采集，晚上还帮助扇翅通风和酿蜜，帮助泌蜡造巢，直到死了为止。蜜蜂从来不肯死在蜂箱里，只死在采集途中；甚至它们的排泄物，也是在飞行时撒在外边，决不玷污箱内。在冬天，寒冷地区的蜜蜂有几个月不飞行，这时排泄物就贮积在大肠里，直到春天才外出排泄。蜜蜂对不工作的成员好像特别仇恨，如果偶然碰见有某种原因而不工作的蜂，它们就迅速把它赶出箱外，毫不留情。如果有敌人(鼠、野蜂、盗窃的蜜蜂等)侵害时，一被守卫箱门的蜜蜂发现，它们会立刻奋不顾身，合群抵抗。所以，养蜂人挺怕蜜蜂发生相互盗窃，因为这时蜜蜂常常咬杀得一个不剩。

蜜蜂对不工作的同伴虽然那样不原谅，但在食料(蜜和花粉)不足时，却对同伴表现出莫大的同情心。要是食料不足，它们也会把食料公允地分配。近在食料旁边的蜂，决不利用地位大吃大喝，远离食料的蜂也决不少吃一些。正因为这样，在同一蜂群里，哪怕有数以万计的蜂，也从不发生争食互殴的事。

最后还得说说有趣而又可怜的"雄蜂"。雄蜂在春、夏季约有几百到几千个，身体硕大，除了春、夏间驰骋情场、追逐处女王外，就无所事事了。它尾端没有刺针，所以连抵抗敌人的事它也没份儿。虽然蜜蜂各自为群，防守森严，然而雄蜂却可大模大样，在各蜂群间来往自如，乐得不可开交。可是好景不常，交配季节一过去，这位懒公子便开始被厌倦了。起先，工蜂们限制它的食料，以后把它赶出群外冻死，或者咬死、刺死。通常，雄蜂是没有一个能够度到衰老而死的。

蜜蜂人人都见过。作者通过详细地观察和认真地分析，大量采用了列数据的说明方法，准确而清晰地介绍了蜜蜂的生活习性。相信大家对蜜蜂一定有了更深的了解。全文写得详略得当，语言浅显生动。

1."蜜蜂对不工作的同伴虽然那样不原谅，但在食料不足时，却对同伴表现出莫大的同情心。"结合现今社会现象说说你

的感受。

2.阅读本文,你认为我们应该学习蜜蜂一种什么精神?

漫谈扁颅蝠

◆马 杰

具有回声定位功能的动物首推蝙蝠,回声定位是蝙蝠用来发现目标和在飞行中导航的保障,人类使用的雷达就是利用仿生回声定位的原理工作的。

许多人都以为蝙蝠是一类可怕的动物,说到蝙蝠就让人想起幽灵和吸血鬼。其实这完全是人们对蝙蝠的偏见,是人们对蝙蝠缺乏基本的了解。实际上绝大部分蝙蝠对人类来说是有益的哺乳动物,特别是食虫蝙蝠,有的种类一夜可以吃掉相当于它们体重 $1/3 \sim 1/2$ 的昆虫,因此食虫蝙蝠对农业生产的贡献很大,是庄稼的卫士。还有蝙蝠不仅吃虫子,而且性情温和,相貌可爱,习性奇特。扁颅蝠就是这样一类动物。

扁颅蝠是俗名,分类学上它们隶属蝙蝠科扁颅蝠属,包括扁颅蝠(Tylonycteris pachypus)和褐扁颅蝠(Tylonycteris robustula)。这两种蝙蝠在外形上比较好区分,扁颅蝠背部和腹部呈现黄棕色,而且腹部要比背部颜色更黄一些;褐扁颅蝠背部和腹部呈褐色,背部接近黑色。当然它们的相同之处从名字可见端倪,就是颅骨都是扁平的。如果望文生义,认为颅骨扁平的蝙蝠都属于扁颅蝠就大错特错了,因为还有其他几种颅骨亦是扁平的种类,例如非洲扁颅蝠(Mimetillus moloneyi)(蝙蝠科非洲扁颅蝠属),扁颅菊头蝠(Rhinolophus shameli)(菊头蝠科)。看来任何时候都不能轻率地下结论,否则就会贻笑大方。

扁颅蝠和褐扁颅蝠在南亚(印度)和东南亚的马来西亚、菲律宾等地有分布。在我国,扁颅蝠主要分布于贵州、云南、广西、广东和四川,褐扁颅蝠仅分布于云南和广西。由此可见,扁颅蝠的分布区域比起褐扁颅蝠要广一些;而且前者的种群数量也多于后者。实际上扁颅蝠和褐扁颅蝠在进化上亲缘关系很相近,但是它们在地理分布上却存在差异,造成这种差异的原因我们认为与回声定位信号有关。

简单而言,回声定位就是动物发出超声波,并通过接收前方障碍物或猎物反射的回声来判断距离和位置的作用。具有回声定位功能的动物首推蝙蝠,回声定位是蝙蝠用来发现目标和在飞行中导航的保障,人类使用的雷达就是利用仿生回声定位的原理工作的。蝙蝠在利用回声定位功能的时候,一般各自采用不同的频率,从而避免相互"干扰"而发生"误导"。生物进化的就是这样完美。

我们发现扁颅蝠的回声定位信号频率比褐扁颅蝠要高。这一差异主要与它们的捕食策略有关,例如扁颅蝠发出的高频率叫声更适合探测近距离目标,而且能收集到更多关于目标(食物、障碍物等)的信息,所以扁颅蝠能及早判断前方目标是食物还是障碍物;而褐扁颅蝠自有它们的优势——低频率回声定位信号可以及时发现远处的目标,这样它们对于远处的猎物可以"捷足先登"。另外,频率较低的回声定位信号可以更加精确地反映环境信息,因此便于蝙蝠在复杂生境中"游刃有余"的飞行。这也许是扁颅蝠比褐扁颅蝠的分布区广、种群数量多的另一原因。

还有一个有趣的现象是扁颅蝠和褐扁颅蝠栖息在竹筒内,而其他蝙蝠如我们发现的食鱼蝙蝠——大足鼠耳蝠就选择岩洞为巢。由于它们的颅骨呈扁平状,而且个体很小,扁颅蝠体重平均为 3.4 克,褐扁颅蝠平均为 4.8 克,因此它们能轻而易举地通过竹筒上的裂缝进进出出;而同一个竹筒仅容纳几个扁颅蝠。也许大家会问栖息在相同竹筒内的蝙蝠是不是同一家族?我们推测它们可能存在一定的亲缘关系,先进的生物学分子技术最后一定能解决它们的血缘之谜。

另外,尽管这两种蝙蝠都是利用竹筒栖息,甚至在不同的时间轮流使用相同的竹筒,但是它们选择的竹筒存在一些差别。我们在广西龙州县霞秀乡自清村调查中发现,扁颅蝠更喜欢在裂缝较长、宽度较宽的竹筒内,这种差异与它们体型的差别正好吻合。这两种蝙蝠在不同的时间轮流使用同一竹筒,也就是经常变化栖息竹筒,但是没有发现它们同时栖宿相同竹筒的现象。至于它们为什么经常变换竹筒,是不是它们对栖息微环境的忠诚度不高,没有我们人类所说的"恋家情结",还是为了安全需要而不断更换新环境,有如"狡兔三窟",对于这些现象都有待我们进一步研究。

在野外调查中还有一些趣事。我们在有扁颅蝠或褐扁颅蝠的竹筒内用细竹枝拨动,扁颅蝠会很快一只接一只地侧着身子从裂缝里鱼贯而出,逃之夭夭,惟恐被逮;而褐扁颅蝠却不同,它们摆出一副泰然自若、波澜不惊的架势,很不情愿地爬出来。我们曾经用细竹枝轻轻地捅一个竹筒,发现很有弹性,我们判定里面有动物,而且反应比较缓慢,我们认为一定是有褐扁颅蝠。我们继续用竹枝往里面探究,可是从里面慢慢悠悠爬出来的不是我们期望中的褐扁颅蝠,却是一条细长的青蛇。当青蛇露出它那尖尖的、镶嵌着两颗闪亮眼睛的蛇头时,我们着实吓了一跳,赶快知趣地逃离现场,以防被这家伙"亲"一下。

对于亲缘很近,并且生境非常相似的两种蝙蝠来说,扁颅蝠的分布区更广,种群数量更多些。如果我们找到了造成这一结果的原因，不管是对生物的进化，还是生物的保护，都会有重大意义。

我们调查发现扁颅蝠和褐扁颅蝠分布区域已经缩小、种群数量下降，这和生态环境被破坏有关，如滥砍竹林导致栖息地严重丧失。我们担心将来随着生态环境恶化，这两种蝙蝠的生存会面临更大的威胁。

这是一篇介绍扁颅蝠的说明文。本文在写作上的一大特点是运用了对比说明的方法，在介绍扁颅蝠时，将褐扁颅蝠与之对比，让读者对扁颅蝠有了更深入的了解。另一特点是语言朴实无华，说明详略得当。

1.通过阅读全文，从各个方面总结扁颅蝠与褐扁颅蝠的区别。
2.作者在文末提到野外调查中的一些趣事，对本文有何作用？

沙漠里的小生命

◆乐　乐

> 海湾地区的沙漠里蛇蝎遍布，它们一般藏在沙子底下、灌木丛中、岩石缝隙等避光阴暗的地方，一旦遇到猎物，便会发起攻击。

人们用"死一样的沉寂"形容沙漠，然而那里却有很多生命依然在生活着。

海湾地区的沙漠里蛇蝎遍布，它们一般藏在沙子底下、灌木丛中、岩石缝隙等避光阴暗的地方，一旦遇到猎物，便会发起攻击。例如在海湾战争中作战的美军，首先遇到的对手不是伊拉克的军人，而是沙漠中的毒蛇和蝎子。

沙漠中的蛇类很多，如蝰蛇、眼镜蛇、蟒蛇等。它们一般以昆虫、青蛙、蟾蜍为食，也吃蜥蜴或鸟类。蟒蛇有时也会攻击小型哺乳动物，如小羚羊等。毒蛇中以蝰蛇居多，包括各种响尾蛇。这里的响尾蛇练就了一种在沙地上快速"游动"的独特方式：头与颈斜向屈伸，然后将身子提升到前方新的位置。响尾蛇脾气火暴，富有攻击性,是一种非常危险的毒蛇。沙漠中的眼镜王蛇是蛇类中最好斗的,而且它们经常吞食其他蛇类,连响尾蛇也要让它三分。响尾蛇的毒液属于血循毒,一般引起血液循环衰竭而死亡;眼镜蛇的毒液属于神经毒,伤者四肢瘫痪、呼吸微弱,最后因呼吸中枢麻痹和心力衰竭而死亡。

沙漠中的蝎子也很厉害,它会连续发动两次攻击,第一次叮咬感觉有点儿疼,但无大碍,第二次才是致命的一口,可以使人迅速休克,不省人事。

沙漠中还生活着众多的昆虫、蜘蛛、鱼、蜥蜴、鼠和鸟等小动物。它们以植物为生,因为只有植物才能为这死一般的沙漠制造有机食物。沙漠中的植物只有在短暂的雨季才能迅速生长。甲虫、蚁、蜂、蛾等昆虫抢在头一二场好雨过后,迅速出动,尽情地嚼食茂盛的植物,并抢占时机快速繁殖,然后大都死去,留下大量的卵和休眠的蛹或成虫,成为蛇、鸟的主要食物来源。

沙漠中虽然缺少水,但是在一些泉水、水泽和间歇性的河中,也能发现一些鱼在游动。青蛙、蟾蜍、蝾螈等两栖动物则生活在沙漠的水塘或阴暗地带,随处可见。

常见的沙漠动物还有蜥蜴,它们在沙地上跑来跑去,在岩石中蹿上蹿下,无非是在寻找食物和水源。蜥蜴白天可以在 80℃ 的沙面上行走,很多人误认为蜥蜴不怕高温。其实,多数蜥蜴体温超过 40℃～47℃ 就会昏厥,甚至死亡,只是因为蜥蜴体内有调节体温的机制,使自己的体温保持在 36℃～38℃ 之间,这也是沙漠中的爬行动物进化的奇迹。

沙漠,对于人类来说,意味着死亡之地,而对于生活在那里的小动物,却是生存的天堂。

本文作者为读者揭开了沙漠的神秘面纱,将沙漠中生存的一些小生命如数家珍般娓娓道来,让远离沙漠的我们对沙漠生物有了更多的认识。

1.除本文提到的沙漠里的小生命,你还知道沙漠中有哪些生物的存在?

2.沙漠正日益侵蚀着人类的生存环境,你能否想出治理沙漠的办法,为治理沙漠贡献自己的力量。

揭秘荡皮参

◆田海蓉

> 数量庞大的荡皮参家族,每年过滤大量的珊
> 瑚沙,制造着洁白干净的沙滩,由此被誉为海边
> 的清道夫。

我们都喜欢到海边干净洁白的沙滩上游玩,可是,这些干净洁白的沙子是从哪里来的呢?原来,海里有一些生物终日扮演着清道夫的角色,默默地做着净化工作,这洁白的沙滩,就出自它们的劳动,其中贡献最大的当数荡皮参。你了解荡皮参吗?

荡皮参,是珊瑚礁海域最常见的一种大型海参。它体长约40厘米,重3千克左右,体态柔弱,行动迟缓。它主要生活在海洋的潮间带,即涨潮时被水淹没,退潮时露出来的海边地带。在南太平洋群岛海域,荡皮参的密度每平方米多达50只左右。

荡皮参以珊瑚沙为食。它吃进珊瑚沙,把沙中的有机物,如细菌、动植物的尸体、藻类碎片和其他有机物颗粒消化掉,再把吮噬干净的沙粒排出来。研究结果显示,平均每只荡皮参一年至少可以过滤50千克的珊瑚沙。数量庞大的荡皮参家族,每年过滤大量的珊瑚沙,制造着洁白干净的沙滩,由此被誉为海边的清道夫。

我们要问,在无脊椎动物演化、适应的过程中,荡皮参如何能够维持那么庞大的数量、那么大的体型呢?这其中的奥妙,就是它简单的食性。海洋中许多生物是食肉的,然而,荡皮参却选择了珊瑚沙中的有机物及细菌为食。海边沙子多的是,又没有其他生物来争食,有了足够的食物,就可以生存、生长,一代又一代地繁衍了。所以,它们就可以维持体态丰满而又高产。荡皮参选择吃沙子的另一个秘密,那就是能稳定住自己肉乎乎的身体。荡皮参运动靠的是附着在腹部的管足,其管足又很不发达,生活在潮间带,潮来潮往,如果体重不够重,就可能被海水冲击、拉扯,会被岩石刮伤肉体。你想,如果它吃了许多沙子像个大沙袋,使身体的比重加大,就能稳稳地在海底爬行,风浪再大对它也奈何不得了。所以,荡皮参吃沙子,不仅为海滨制造洁白如银的沙滩,供人们游玩享用,也为自身的生存提供了保证。看,荡皮参也是很"聪明"的吧!

荡皮参表皮下的骨片非常薄而软,能弯曲,棘刺也不发达,外形酷似黄瓜,所

以英文名字叫海黄瓜(sea cucumber)。它的身体一端是口,另一端则是肛门,围绕在口部的管足,可变形为触觉,分泌黏液,帮助它吞食海底的有机物;腹部的管足有吸盘,能向前爬行,但行动十分迟缓。当它遇到天敌侵袭时,身体则会急剧收缩,并将内脏排出,让敌人吃了它的内脏,而忽略它的存在,以此保住自己的体壁,这招够绝的吧。经过几个星期,它又长出一套全新的内脏。它的再生能力,在生物界也是数一数二的。它还有更高的招数呢,当它受到攻击时,还会从肛门排出一种黏糊糊、有特殊味道的线状物,将天敌缠住或呛得它们避而远之。荡皮参虽然行动迟缓,但它的避敌能力、生活方式实在另有一套,你说是不?

作者用质朴的语言详尽地为读者介绍了荡皮参的外形、食性,文章多处运用反问句、设问句等句型,引人注意。文章详略得当,主次分明,语言平实、通俗、准确。

1.荡皮参吃沙子是为了能稳定住自己的身体,你知道鸡吃沙是为了什么吗?

2.荡皮参是怎样维持种族的数量及其体形的?

植物缠绕方向之谜

◆刘统菊

科学家最新研究表明,植物旋转缠绕的方向特性,是它们各自的祖先遗传下来的本能。

牵牛花、金银花等攀援植物有一套非凡的本领,这就是能够依附支架,利用茎尖的"运动"不断向上爬攀。就拿牵牛花来说,它茎的顶端10~15厘米一段,由于各个方向的表面生长速度不一致,能在空中不断改变自己的位置,而且始终以一定的方向旋转着,并以此为半径,在一圆周内遇到依附物后,就会把依附物缠绕起来,以此攀向高处去争取阳光和雨露。

有趣的是,大多数植物的"转头运动"是有一定方向的,如金银花、菟丝花、鸡血藤等始终向右旋转,牵牛花、扁豆、马兜铃、山药等则向左旋转缠绕向上,而何首乌却是"随心所欲"地转头,有时左旋,有时右旋。

那么,这些缠绕茎植物为什么会有固定的缠绕方向呢?

科学家最新研究表明,植物旋转缠绕的方向特性,是它们各自的祖先遗传下来的本能。远在亿万年以前,有两种攀援植物的始祖,一种生长在南半球,一种生长在北半球。为了获得更多的阳光和空间,使其生长发育得更好,它们茎的顶端就紧紧随时朝向东升西落的太阳。这样,生长在南半球植物的茎就向右旋转,生长在北半球植物的茎则向左旋转。经过漫长的适应、进化过程,它们便逐步形成了各自旋转缠绕的固定的方向。以后,它们虽被移植到不同的地理位置,但其旋转方向的特性被遗传下来而固定不变。而起源于赤道附近的攀援植物,由于太阳当空,它们就不需要随太阳转动,因而其缠绕方向没有固定,可随意旋转缠绕。

分清作物的左旋、右旋在实践中具有重要意义。若错把左旋植物以右旋方式缠绕在支架上,则很快就会自行脱落;若缠绕的方向与其习性相同,则会缠得更紧,顺利向上攀援,生长发育良好。

文章开篇告诉读者一个有趣的现象:大多数植物的"转头运动"是有一定方向的;接着,用一问句提出疑问,引人入胜;然后,详尽地为我们揭开了植物缠绕方向的秘密。

其实,大自然中还有许许多多的奇怪现象,需要我们用心去体验。

1. 仔细观察自然界中的植物,说说还有哪些植物是向左旋转,哪些是向右旋转,哪些是"随心所欲"地旋转的?

2. 你知道水池中的水也有一定旋转方向吗?说一说为什么?

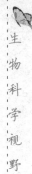

奇趣多能数红萍

◆朱先立

固氮鱼腥藻能吸收利用空气中的氮,并与红
萍的根、茎、叶相配合,是一座天然的自动化合成
氨工厂。

从名字谈起

红萍,学名"满江红"。这个充满诗情画意的名字,最早见于《本草纲目》。它形象地说明了这种小小的水草常会铺满水面,使一泓碧波变得漫江红透。红萍的拉丁学名 Azolla,是由两个希腊字衍生而来的,意思是"干了就死",虽不太吉利,却恰恰说出了萍与水的密切关系。

红萍又称红浮萍,也有些地方叫它绿萍。据《毛诗陆疏广要》记载,萍有三种:大者曰萍,中者曰荇菜,小者曰水上浮萍。浮萍又包括红萍、青萍、紫萍等。但是,按照现代植物学的分类,红萍是蕨类植物,满江红科;青萍、紫萍才属浮萍科,是被子植物。这样看来,红萍与青萍、紫萍"五百年前是一家",如今已是"同姓不同宗"了。最近出版的《辞海》,把"红萍"写作"红蘋",大概是为了使它与青萍、紫萍等有所区别吧!

红萍又名猪母草,可见用做猪饲料,由来已久。它不但是喂猪的好饲料,鸡、鸭也很爱吃。据分析,一般鲜萍含粗蛋白 1.3%,高的可达 1.7%,营养价值和甘薯藤接近。

红萍用做绿肥,见于文字记述始于清代。据光绪二十四年《农学报》载,当时浙江温州一带,"春时萍浮水上,禾间之草,辄为所压","夏至时萍烂,田水为之色变,对苗最为有益"。根据 1979 年国际红萍会议资料,菲律宾、泰国、缅甸、印度、越南等东南亚及南亚国家,用红萍做肥料相传已有几百年历史。红萍固氮能力很强,100 斤鲜萍,可以固定空中氮素 2～2.5 斤。因此,红萍有"水上氮肥厂"的美誉。

植物界的"变色龙"

红萍为什么又叫绿萍?

原来，它是植物界的"变色龙"，会因气候和营养条件的不同，而改变自身的颜色。

红萍含有色素体，在正常条件下呈绿色，遇到不利条件，就转成黄色或红色。这种变化，特别和它的生活环境——水的温度有密切关系。比如在浙江，当每旬平均水温在15℃以上、不超过40℃时，红萍的叶色是绿的；当平均水温降到5℃～10℃时，绿色就转成先紫后红。随着温度的下降，红的颜色越来越重，当水温下降到5℃以下时，进入越冬的红萍，就变成玫瑰色或褐红色了。至于高温，如水温超过40℃，持续一段时间，叶片也会全部变成黄红色。正是由于这种原因，靠近亚热带地区的福建、广东、广西、四川、云南等省区，高温使萍体常呈现红色，因此这些省份管它叫红萍；而江苏、浙江一带，人们看到萍色绿的居多，所以叫它绿萍。

营养条件对叶色也是有影响的。营养充分，萍色浓绿；缺磷，变成黄红色；缺钾，则变成黄色。

红萍中也有个别不变色的品种，如溪绿萍就四季常青。

奇特的繁殖方式

红萍，古人传说它是杨花柳絮变的。有一首咏萍诗云："风波长不定，浪迹在天涯；莫怨生轻薄，前身是柳花。"连明代有名的药物学家李时珍也半信半疑地说过：浮萍"池泽水中甚多，季春始生，或曰杨花所化"。显然，古人不了解红萍传宗接代的方法，只是见到杨花柳絮刚刚吹落池塘，不久便出现了浮萍，于是产生"化生"之说。

在自然界，除去远缘杂交的以外，任何生物都只能产生与它先代相同的后裔。红萍也不例外。只不过它的繁殖方式很奇特，有点像《西游记》里的孙悟空，拔下身上一撮猴毛，就能变成许多小猴子。红萍主茎上长有许多分枝，分枝发育成熟便自行脱离母体，独立生活，变成一个新的个体。在遇到风吹雨打或外力碰撞时，折断的分枝也能纷纷另立门户，自成一家。这种无性繁殖，是红萍的主要繁殖方法。人们在养萍时，常要用竹篾"拍萍"，目的就是为拍下分枝，促使红萍加快繁殖。

红萍也能进行有性繁殖。当温度高于30℃或低于5℃时，红萍就会结出大小孢子果来。这种极细小的孢子果，经过雌雄配子体结合，萌发，于是就形成了新的个体。

红萍就是这样，靠无性和有性交替繁殖，来繁衍后代的。

66

惊人的繁殖力

红萍分身有术,繁殖力惊人。古书中有"萍善滋生,一夕九子"的说法;李时珍也说过:"萍一叶经宿,即成数叶。"有一首咏萍诗,写得更是有趣:

锦鳞密砌不容针,
只为根儿做不深。
曾与白云争水面,
岂容明月下波心。
几番浪打应难灭,
数阵风吹不复沉。
多少鱼龙藏在底,
渔翁无处下钩寻。

这虽是诗人的艺术夸张,却也在一定程度上反映了红萍繁殖之快和布满池塘之密。

红萍繁殖究竟有多快?据试验,当水温为16℃时,5天能增殖1倍;水温为22.5℃时,5天就能增殖2.6倍。

红萍的繁殖是很有规律的。当分枝长到6~9个时,第一侧枝断离,紧接着第二侧枝也断离,待到第三侧枝脱离母体的时候,第一次分离的新个体,它的侧枝也开始断离了。如此依次断离,不断新生,一个红萍繁殖的后代,数字就十分惊人了。浙江温州有人统计过,在红萍留种的270天中,共繁殖18代,按累进生殖计算,一个母萍共繁殖了26万多子孙!

自动化合成氨厂

一个红萍,看上去是一根很小的水草,实际上它却是两种植物的共生体。

和红萍共生的是一种藻类,叫固氮鱼腥藻。它躲在红萍的叶片里,用肉眼是看不见的。

红萍叶片的结构很有趣,它那还没有芝麻粒大的叶子,实际上是由上下两张裂片组成的。下裂片比较薄,与水面接触,可以从水中吸收水分和养分,同时还起着载浮作用,叫做吸收叶。上裂片肥厚,用来进行光合作用,叫做同化叶。在上片叶的基部,用5~10倍的放大镜可以看到一个透明的椭圆形空室,那里面就是固氮鱼腥藻着生的场所,叫共生腔。

固氮鱼腥藻能吸收利用空气中的氮,并与红萍的根、茎、叶相配合,是一座天然的自动化合成氨工厂。

每个萍体有数条根,垂悬在水中吸收水分和溶质,好像是工厂原料进厂的自动化运输线。茎是叶和根的发源地,又是联系根和叶、输送养料的器官,它相当于工厂的主干线和设计中心。叶片进行光合作用,把光能变为化学能储存起来,相当于工厂的动力车间。叶片里的共生腔,是合成氨车间,由固氮鱼腥藻利用它本身能量和固氮酶的作用,把空气中游离的氮合成氨。

一个红萍铺在水面上,不过1平方厘米,可是一亩红萍合成的氨却相当于30斤硫酸铵(每亩按产鲜萍3000斤计算)哩! 正是由于红萍有很高的肥效,近十多年稻田养萍在我国发展很快。养萍面积最多时,曾达2500万亩,生产的氮素,抵得上25个年产3000万斤硫酸铵的合成氨厂!

利用红萍固氮,与工业上生产合成氨相比,虽然同样都是利用空气中的氮,但工业上生产合成氨,要在500℃高温和300个大气压条件下进行,不但需要特殊设备,消耗能源,而且合成氨的效率很低。而红萍却在常温(15℃～30℃)和常压(1个大气压)下,便能固定空气中的分子氮,并且把它合成氨。如果工业上也能像红萍那样,在常温常压下合成氨,那就会大大节省所需要的能源。在生物固氮的启示下,现在我国和不少国家正在进行化学模拟生物固氮的研究。

另外,如果能通过遗传工程的手段,使某些作物的叶子,也像红萍那样有个共生腔,并把鱼腥藻请来固氮,让所有庄稼都"自带口粮",我们就用不着施肥了。当然,今天这只是幻想。然而,依靠人类的智慧,随着科学的发展,终将会把一些美妙的幻想变为现实。

 本文作者分四个部分,以小标题形式结构全文,使文章结构层次清晰、条理清楚,这是本文的一大特色;另一特色是突出运用引用的说明方法,有选择地恰当引用古诗文和文献资料,增强了文章的知识性和趣味性。

 1.作者引用一首咏萍诗来写红萍惊人的繁殖力,作用何在?
2.上网查阅资料,大自然中还有哪些植物对农业生产有一定的作用?

庄稼的"厨师"

◆李志超

> 根瘤菌从豆科作物的根毛进入根内，利用作物光合作用产生的碳水化合物维持它的生长繁殖，形成根瘤。

田里长着的庄稼，与人一样，要生长得好，需要足够的"粮食"。肥料就是庄稼的粮食。正如我们不把粮食直接当饭吃一样，肥料也需要经过"厨师"调制加工，变成美味可口的"饭"、"菜"，庄稼才爱吃哩！

谁是庄稼的"厨师"呢？

就是土壤中的微生物。

土壤中的微生物，是土壤中的一大家。有人统计过，1 克肥沃的土壤中，就有几亿甚至几十亿个微生物；就是最贫瘠的土壤中，每克也不下几百万个。土壤微生物这一家子，兄弟姐妹可多啦！主要有细菌、放线菌、真菌、藻类和原生动物等。这许许多多的微生物，除了少数专心捣乱不务正业的败类外，绝大多数都时时刻刻在忙着给庄稼调制膳食。它们的手艺可高啦！

秸秆成"肴"

氮是庄稼的主食，也是庄稼不可缺少的重要养料。土壤中氮的来源倒也不少，例如大量的植物秸秆茎叶，动物残体遗骨，还有人们施进去的人畜粪尿等等。可是在这些有机质中，氮多数是以蛋白质形式存在，庄稼无论如何也啃不动。正好，土壤中有些叫氨化细菌的微生物，能将这些结构复杂的蛋白质分解成结构简单的氨。氨是一个待不住的家伙，一有空子马上就会从土壤中溜走。这时有一种叫硝化细菌的微生物便起来工作，它们把氨捆住"手脚"，经过烹饪加工，很快就变成了庄稼最喜爱的佳肴——硝酸铵了。庄稼"吃"了这硝酸铵，既长得快，又长得壮。

空中取氮

空气中含有丰富的氮气,差不多达 80%,真够多的了。但是庄稼也只能望着流涎,而无法"吃"到。土壤中有一种固氮细菌,它们有本事将这些在空中乱跑乱跳的氮气抓住,经过加工变成庄稼能够"吃"的氮素。在每亩田里,靠着固氮菌的辛勤工作,每年大约能为庄稼提供 2.5 公斤左右的氮素。

在种过豆类作物的田里,还有一种根瘤菌。根瘤菌的固氮本领比固氮菌还大。大豆根瘤菌,每年能给每亩田中增加 6.5 公斤氮素;草木樨根瘤菌能增加 10 公斤氮素;苜蓿根瘤菌更多,能增加 15 公斤氮素。

根瘤菌为什么会大量固定空气中的氮素呢?这是根瘤菌与豆科作物在土壤中通过根瘤巧妙合作工作的缘故。根瘤菌从豆科作物的根毛进入根内,利用作物光合作用产生的碳水化合物维持它的生长繁殖,形成根瘤。同时,它又把空气中的氮吸收起来,转变成含氮化合物,供庄稼利用。它们就是这样互相依存,共同生活。所以说,根瘤菌是给庄稼调制膳食的好厨师,而根瘤就是根瘤菌师傅进行固氮炊事工作的高级"厨房"。

我们在种花生、豆子等庄稼的时候,如果能用相应的根瘤菌剂进行拌种,将来在它们的根部就会长出更多的根瘤。这样,根瘤菌师傅就会为庄稼提供更多的氮肥,从而获得增产,一般能增产 10%~20%。

化石为"粮"

石头、骨头及各种矿物质中,均含有很多庄稼需要的营养。但是,它们藏在这样硬的东西里面,庄稼也是没法"吃"到的。而土壤中有一些叫磷细菌和钾细菌的微生物,就有为庄稼加工这类"食品"的本事。通过它们的辛勤劳动,能将土壤中有机质和无机质中的磷素和钾素释放出来,为庄稼提供大量的磷和钾。磷和钾也是庄稼不可缺少的主要营养,现在人们已经把这两种细菌,经过人工培养,制成了磷细菌肥料和钾细菌肥料,施到田里以后,可以改善土壤中的磷、钾供应状况。

巧筑"粮水仓"

微生物不仅为庄稼加工了美味可口的氮、磷、钾等"食品",还能为庄稼创造优越的生活环境,使庄稼饿不着,也渴不着。

前面我们提到的一些微生物,都是在有氧条件下,把土壤中难溶于水的复杂物质,分解成为可溶性的简单物质,供给庄稼"就餐"。在此同时,还有一类微生物,它们是在缺氧条件下,把土壤中一些有机物质的分解产物,进一步合成一种新的、暗色的像胶一样的物质。人们为这种物质特地起了个名字,叫做腐殖质。腐殖质的形成过程,是微生物为庄稼积累养分的过程,也是提高土壤肥力的过程。

大家知道,土壤中除了微生物和动、植物遗体外,在土壤空隙中还有水和空气存在。而水和空气常常为了各自的安身之地,发生"争吵"。这一来,就弄得土壤中的一切生命都不能安宁。比如水分多了,空气必然缺少。这样,种子发芽、根系呼吸以及微生物生活,就都成了问题。反之,空气多了,水分又缺,于是庄稼和微生物不仅"口渴",还得挨"饿"。因为庄稼和微生物吸收养分,都得溶于水中才行。那么,有没有办法解决空气和水的这种矛盾呢? 有,微生物制造的腐殖质就能巧妙地使这一对"冤家"得到和好。

腐殖质有胶性,能将大小不同的土粒粘成一个个直径1~10毫米的土团,这就是团粒结构。在团粒结构里有两种孔隙:一种是存在于团粒结构内部的小孔隙,一种是存在于团粒外部的大孔隙。当浇水或下雨时,水分通过大孔隙很快下渗,并且借助小孔隙的毛管引力渗进团粒内部贮存起来。大孔隙就让给空气占据。天旱时,因为团粒之间孔隙大,团粒内的水分也不会被蒸发掉。这样,就能经常保持土壤中既有充足的空气,又有一定的水分。

由于空气与水得到协调,土壤温度也得到改善,于是微生物活动更加旺盛,为庄稼调制的"食品"更为丰富。这样,构成土壤肥力的水、肥、气、热四要素齐备,就形成了不愁饥渴的"粮水仓"。在这种环境下生活的庄稼,无疑会"吃"得饱,"喝"得好,长得茁壮。

当我们喜庆丰收的时候,可不能忘记庄稼的"厨师"——土壤微生物的功劳啊!

本文突出特点是立意新、构思巧,是一篇集科学性和趣味性于一炉的科普文。作者多处运用如"厨师"、"肴"、"粮"、"粮水仓"等拟人化的语言来介绍庄稼所需的肥料,给读者以形象、生动之感。

1.庄稼需要哪些"粮食",怎样才能长得茁壮?

2.人类生活在地球上,也需要不少"粮食",说一说它对我们的生存有着怎样的作用?

珍稀的阴沉木

◆金 勇

> 阴沉木质地很硬,用电锯切割常能锯出火花,
> 极难打磨。用它做的家具上了菜油后乌黑锃亮,
> 根本不用再上漆,而且年代越久远的阴沉木色泽
> 越深。

清朝年间,河北献县有一位少年叫牛瓒。虽然他家里很穷,没钱念书,可是他酷爱读书,常常站在学堂的窗下聚精会神地默默听老师讲课。老师发现这个放牛娃总站在窗下,就唤他进来,发现他竟能将课文滔滔背下来。老先生非常喜爱这个好学的孩子,就免费收留他进学堂念书,还供他吃喝。后来,牛瓒官至御史大夫。有一天,他专程去拜谢恩师,送给老师一副"寿木",老师把它存放在柴草棚里。一个月后,学生派人来说,棺内有一席饭菜,不知老师吃了没有。时值盛夏,老师想,饭菜肯定坏了,急忙打开来看,只见美食佳肴新鲜如初。原来,这棺材是用阴沉木打制的。阴沉木是一种稀世珍木,用它造棺,人入土后百年不朽,是世间不可多得的宝物,学生特意把它作为礼物来感谢老师的教养之恩。

世上真的有如此珍奇的阴沉木吗?

1999年9月初,重庆奉节县一位农民做梦也没有想到,他在长江边发现的一段直径60厘米、长6米的"朽木"竟是三峡地区特有的稀世奇木——阴沉木。

阴沉木质地很硬,用电锯切割常能锯出火花,极难打磨。用它做的家具上了菜油后乌黑锃亮,根本不用再上漆,而且年代越久远的阴沉木色泽越深。由于阴沉木界于木石之间,它还是上好的雕刻材料,雕刻起来手感很好。用它雕刻出的作品上油后或黑里透亮,或黄中渗红,质感非常强,很适于表现细腻传神的作品。因此,阴沉木成为众多收藏爱好者千方百计寻找的"宝物"。当然,阴沉木棺中尸体能神奇地防腐百年的说法,虽然还无法考证,但是人们发现,用小块阴沉木泡酒或把它烧灰泡水喝能治病。当地有的农家就把它当做药品来收藏。

阴沉木的形成条件非常苛刻。在中国,黄河龙羊峡和长江三峡地区曾有发现阴沉木的记载。据分析,除了有较大流量和水压的河流条件外,形成阴沉木还需河流两岸有坡度较大的山峰,有产生滑坡等地质变化的条件。而黄河龙羊峡地区和长江三峡地区刚好同时具有这几个条件。但是龙羊峡水库建成后,再无发现阴沉木的记载,从而使长江三峡地区成为国内仅有的阴沉木发现地。三峡地区也仅限

于奉节县、云阳县和巫山县一带约 200 千米长的区域才有,其中尤以奉节县最多。估计三峡水库的建立,会使人们手上保留的阴沉木成为"绝版"。

心灵体验　　本文以清朝年间的小故事开篇,接着以设问句作为转折,介绍珍奇的阴沉木。文字简短,却充分体现了阴沉木的珍奇,有关阴沉木的故事更是给人深刻的印象,增强了文章的趣味性和可读性。

放飞思维　　1.阅读文章的最后一段,说说你的感受,怎样协调环境和人类的关系?

2.查阅资料,为什么用阴沉木做的棺能使美食佳肴存放一个月还新鲜如初?

"绿色钾肥库"——水花生

◆石旭初

水花生喜群居,在静水池塘中放养,可用三角形或四角形竹架框住,以免被风吹散。

30 多年前的水花生,是人们必欲除之而后快的恶性杂草,真可谓声名狼藉。它茎上多节,节节生根,年年发芽,哪怕只留下一个节在水田里,仍然扎根展叶,四下蔓延。一株水花生,茎蔓长可达 15 米以上,分枝多达几十枚,水稻当然不是它的对手,人称它是稻田一霸,防不胜防。解放后,我国劳动人民摸透了它的脾性,给它安排了新的用场,将它由野生变为家植,为农业生产献上一技之长。

水花生来到农家之后,主妇们就把它当做了"掌上明珠"。它茎叶脆嫩,可以喂家畜,也可制成发酵饲料、青贮饲料或干草粉。猪吃了肯长膘,羊吃了增重快。据测定 50 公斤水花生鲜草,含粗蛋白质 1.61 公斤、粗脂肪 0.15 公斤。水花生收割期长达 7 个月,一个月可割 2～3 次。一亩水花生收 1.5～2.5 万公斤鲜草不成问题。尤其值得称道的是,水花生还是"绿色钾肥库"呢。湖南农学院分析了 30 种含钾能力强的植物,结果水花生含钾量高达 60%～107%,一举夺魁。它棋高一着,能在池塘水和土壤中,把一般作物不能吸收的钾,点点滴滴地收集、贮备起来,供人们利用。1000公斤水花生鲜草中的钾,相当于5~10公斤硫酸钾的肥效,足够一亩水稻对钾肥的需要。

水花生属苋科,又名喜旱莲子草,原产巴西,在我国南方落户已有10年历史。目前,我国南方各省都有它的足迹,北方也在试种。它居无苛求,除溪涧急流和通航的江河外,不论圳港、池塘或水库都能栽培。春、夏、秋三季都可随时种植,以春分至小满间繁殖为佳。水花生喜群居,在静水池塘中放养,可用三角形或四角形竹架框住,以免被风吹散。繁殖水花生的池塘,不能养草鱼,否则,草鱼会毫不客气地把这种苗吃个精光。

引种时,可先集中栽培在比较肥沃的水塘或堰边,等种藤繁殖起来后,再分植到其他地方。水花生一旦开花结籽,得用沸水将鲜草烫成半熟再喂猪,或充分腐熟后再下田。倘掉以轻心,水花生就会像杂草一样,在水田蔓延开来,变成水稻的心腹之患。

许多事物,只要我们摸透了它的脾气,掌握了它的规律,便可以变害为利。水花生便是这样一个例子。

1. 水花生是一种什么植物?
2. 水花生来到农家后有什么优势?
3. 水花生栽植的地域范围在哪里?

跳跃大王——跳蚤

◆陈宇飞

跳蚤以 1/4 赫兹的频率跳动,可以连续跳动 78 小时,跳动加速度为 2.8 米/秒^2(36 公里/小时^2),它垂直起跳的作用力可达其重量的 140 倍。

提起臭名昭著的跳蚤,众所周知,它是一种寄生昆虫,靠吸食人或动物的血为生,还会传播鼠疫、伤寒等疾病,给人们带来灾难。但是,它却博得了航空科学家和生物化学家的青睐。

细心的科学家从跳蚤的跳跃上,得到了启迪。跳蚤身长只有 0.5~3 毫米,而上跳的高度却可以达到 35 厘米,大约是其身长的 100~700 倍。世界上哪位优秀的跳高运动员能与之匹敌呢? 跳蚤以 1/4 赫兹的频率跳动,可以连续跳动 78 小时,跳动加速度为 2.8 米／秒^2(36 公里／小时^2),它垂直起跳的作用力可达其重量的 140 倍。

科学家们又发现:当跳蚤进行这种剧烈地跳动时,头部、背部都要着地,但是内脏却丝毫不受损伤。这又是怎么一回事呢?

经过研究,秘密终于揭开了。原来跳蚤体内有一种含有蛋白质、脂肪、氨基酸等多种营养液的血管。它的心脏像一串佛珠从头部一直延伸到腹部,不仅便于为内脏供给养分,而且对于震动和撞击也有缓冲作用,再加上它的心跳节奏与其跳动频率无关,因此,那种剧烈震动不会对它内脏造成任何损伤。它也不会像人一样跳动时间长了便气喘吁吁。

生物化学家进一步研究发现,跳蚤运动速度快,主要在于它的腿部有一种胶状蛋白质——莱西林。它一经压缩,便贮存了一定的势能。一旦放开,便会在千分之一秒内释放出 97%的能量(一般的橡胶只能释放出 85%的能量),使跳蚤具有很大的动能,从而高速飞跳。

航空科学家们从生物化学家们的研究成果中受到了启发,投入了仿生学的研究,想研制成一种"蚤式飞机",当敌机来袭击时可以快速起飞冲上蓝天沉着应战;更想进一步研制"蚤式坦克",同敌人坦克进行猛烈撞击而本身不受损害;甚至还想研制"蚤式导弹",高速发射使敌人猝不及防。科学家还投入了模拟莱西林的生产,一旦成功,那对于人类带来的方便更是不言而喻的。

这篇说明文,有层次、有顺序、有重点地说明了跳蚤的突出特征,使人们对它有了科学的、本质的认识。尤其对跳蚤高超跳跃本领的说明,更是给人们在仿生学研究方面以启迪。

1.《跳跃大王——跳蚤》这篇说明文的标题有哪些突出的优点?

2.阅读本文后,你对跳蚤有哪些了解?它最突出的特征是什么?为什么剧烈的跳跃而内脏不受损伤?

3.科学家研究跳蚤跳跃本领受到了启发,投入仿生学研究的目的是什么?

树木长寿之谜

◆包 丹

　　由于树干内部各层细胞、各个组织生长、安排得如此合理,因此即使树木活到一万岁,树干内各个组织也始终规则而有序,始终有足够的通畅的输导管。

　　一些古树活到成千上万年。它们为什么能这样长寿呢?原来树木有推迟衰老的特殊本领:自己能让全身所有的活细胞一批批地彻底更新,而且更新(细胞分裂)的次数无限;由于其机体的结构特殊(便于细胞生、死、弃)和不断地进行彻底更新,因此树木的机体能够保持有条不紊,这样就使得树木不易衰老,有可能活到千年、万年。别的动、植物个体只能让体内部分的活细胞更新(不彻底的更新),或者根本不更新,因此它们的寿命被体内不作更新的细胞的寿命限制住了——最多活二三百岁。

　　那么树木全身所有的活细胞是怎样一批一批地彻底更新并让机体保持有条不紊的呢?

　　树皮茎里一层是形成层。它不断分别向外和向内分裂出两种新细胞。向外生长出来的是新的韧皮部细胞,韧皮部是树皮的内层,由活细胞组成,内含运输有机养料的筛管。过一段岁月，衰亡了的韧皮部细胞被向外顶，死细胞(只剩下细胞壁)组成树皮外层——保护组织。树皮最外层被遗弃：慢慢剥落或烂掉。由于树干的加粗，树皮外层逐渐被胀裂开，裂成许多竖的和斜的裂口，树干内的活细胞通过这些裂口(皮孔)跟外界交换气体。树干内所有的活细胞(包括木质部的活细胞)围成了比树干稍细的活细胞管状层。它们只能生长在紧靠树皮外层的位置。不管树干有多么粗，活细胞管状层也不允许太厚；否则内层的活细胞会无法跟外界交换气体。

形成层向内，生长出新的木质部细胞，每年使年轮增加一圈。木质部衰老而死亡了的细胞，变化成上下相通的导管和管胞，输送水分和无机盐，并且起支撑作用。树干中间(都是可以遗弃的死细胞)即使被蛀空、烂空(但必须保留着足够的形成层和木质部)，树木也能正常地活下去，这种空心古树很多。如美国加州莱顿维尔的树屋公园里，有一棵著名的巨大的红杉树，树龄 4000 多年，树干的空树肚内已被布置成面积约为 52.7 米 ^{2} 的活树层。

许多空心古树(其中有些是抑菌杀虫力强的空心古树，如樟树、红杉树等也会空心)的存在，说明了各种树木的树心部分可以遗弃。被遗弃的木质部，若未糟朽，则对树体有益；若糟朽得过多并且未去除，则对树体有害。

树干内，由形成层开始，向内和向外，一圈圈细胞分生、成长、衰老、死亡、遗弃。向内和向外，可分为生、死、弃三个细胞层(死细胞层和弃的细胞层之间无分界面)。生细胞层和死细胞层各行其职。每一个细胞逐步生、死、弃，逐步远离形成层。形成层渐渐向外围方向扩大——渐渐迁移到新的位置。由于树干内部各层细胞、各个组织生长、安排得如此合理，因此即使树木活到一万岁，树干内各个组织也始终规则而有序，始终有足够的通畅的输导管。

树根，和树干一样，也有形成层和内外两个方向生、死、弃的结构，也有筛管和导管(或管胞)。根的横切面同样有年轮，也逐渐加粗。因此树根和树干一样，它们的活细胞同样能够有条不紊地一代一代地彻底更新。

不言而喻，茎的分枝、小茎、小根和树干是同样的结构，所以这些部分的活细胞，同样能够不断地彻底更新；而且老的老了，还可以另外长出新的小根、小茎。树叶、花、根毛等部分，都是老的死了，另长新的，它们比树干还容易进行彻底更新。总之，树木全身各个器官(包括根、茎、叶、花等)的活细胞都能够一批批有条不紊地生、一批批彻底地死和弃，因而各种树木的老死寿命特别漫长。

心灵体验　　树木为什么能活上千年甚至上万年?本文为我们解答了其中的秘密。文章首先揭示了树木长寿的本质，围绕所要说明的事理，逐层加以具体解说,然后抓住树木组织的关键部位,分类予以说明,条分缕析,井然有序,这些值得我们在阅读过程中加以品味。

1.根据本文说明的内容,概括说明那些长寿树木的长寿原因是什么?

2.许多空心古树仍能正常生长,原因是什么?

3.文中第4段关于那棵巨大的红杉树的两个数字有什么作用?

植物会运动吗

◆佚 名

“葵花向阳”和“舞草跳舞”都是由光刺激而引起的一种向光运动。植物除了向光运动外,还有向地、向水、向肥、向能和感应性等多种运动形式,在植物学上统称为向性运动。

植物会运动吗?这似乎是多余的问题,谁见过植物的运动。然而,植物确实在运动着。

黎明,葵花就露出笑脸,迎接旭日东升;中午,花盘也跟着太阳慢慢地转向南方;傍晚,太阳西下,它又面向西方和夕阳依依惜别;午夜后,向日葵的花盘又悄悄地转回东方,准备迎接第二天朝阳的升起。“葵花向阳”已成为人们的美谈。

葵花为什么总是向阳呢?原来在阳光作用下,向日葵的生长点内发生了细胞电极化,向阳面获得负电荷,背阳面就产生了正电荷。带负电荷的生长素就趋向于带正电荷的背面细胞,因而造成背光面生长素多,而向光面生长素少。背光面生长素多,生长就快,向阳面生长素少,就生长得慢,这样就产生了向光弯曲,所以太阳转到哪个方向,葵花就朝哪个方向了。

还有一种会跳舞的草,人们称为舞草。它的小叶尖端一直在不停地跳着圆圈舞,有时还跳摇摆舞。舞草跳舞直接受温度的影响,在16℃以下,便停止跳舞,随着温度的上升,它越来越活跃,到30℃时,便进入了“黄金时代”。如果温度再升高,它的跳动又渐渐不灵活了,从圆圈舞变为椭圆运动,最后变为直线运动。舞草跳舞受光照条件的限制,如果把它搬到暗处,它的运动状态便逐渐减弱,最后终于停止。

"葵花向阳"和"舞草跳舞"都是由光刺激而引起的一种向光运动。植物除了向光运动外，还有向地、向水、向肥、向能和感应性等多种运动形式，在植物学上统称为向性运动。

科学家曾经做过一个有趣的实验，拿一个萝卜的幼苗横放在水平位置上，过一段时间就会看到这个幼苗发生了弯曲，根尖那面向地弯，幼苗向上弯。这也是植物的一种运动，称为向地运动。植物为什么会出现向地运动呢?原来是由万有引力引起的。如被暴风雨吹倒的玉米、高粱倒伏几天后，茎端又会向上长起来，也是这个道理。因为当茎横躺在地面上时，茎内的生长素在重力作用下，较多集中到靠近地面部分，这部分细胞就加速伸长，使这一侧的节间加快生长，茎秆就慢慢地直立起来。这对于挽救作物因倒伏而造成的减产，有着相当重要的作用。

最为有趣的还有植物的感应性运动，你知道吗?含羞草是相当灵敏的天然"晴雨计"，用它可以测出天气是晴朗还是阴雨。你用手触动一下，如果它的叶子很快收缩合拢，羞答答地低下了头，你就可以断定，当日天气一定万里无云。相反，你碰它一下，它慢慢地合拢下垂，那就意味着风雨即将来临。这是什么道理呢?原来含羞草有一套灵敏的"通讯系统"，它的叶柄基部有一个相当膨大的叶枕，叶枕对刺激的反应最敏感。在叶枕的中心，有一个大的纤维管囊，它的周围充满了薄壁组织。当人们轻轻碰一碰叶子时，这个刺激立刻传导到小叶柄的基部，于是这个叶枕的上半部薄壁组织里的细胞液被排到细胞间隙中，这样，叶枕上半部细胞的膨压降低，下半部薄壁细胞仍保持原来的膨压，小叶片就一个个直立起来，我们就会看到含羞草的叶子闭拢起来了。过了一段时间，当叶枕细胞中逐渐充满了细胞液，膨压增加，叶枕就竖起来，叶子又展开，恢复了原态。在晴天，空气干燥，叶片收缩的速度与能力较强，稍有触动，叶子就立即下垂。如果是阴雨天，空气湿度大，叶片膨胀的速度与能力大于收缩的速度与能力，这时刺激它，叶子就不那么敏感了。

植物的这些运动，是植物适应环境条件的表现，有助于植物的生长和发育。进一步探索和掌握植物运动的规律，有利于用人工方法调节植物生活因素，有效地控制植物的生长，促进农业增产。

心灵体验

这是一篇科学小品，属于科普类的说明文。文章揭示了植物王国中的一些有趣现象，这些现象有些是我们见到的，却说不出道理。全文将生动有趣的实例按各种运动形式分类网络在一起，条理清晰,自然顺畅,可读性强。

1.倒伏的玉米、高粱,几天后茎端又会向上长起来,为什么说"是由万有引力引起的"?

2.为什么说含羞草是"晴雨计"?

3.文章说明向日葵总是向阳和含羞草叶子为什么会收拢,采用了哪种说明顺序?

　　传说,天上住着神仙。古希腊神话中有太阳神阿波罗,万神之王宙斯,万神之后赫拉……中国传说中有玉皇大帝,王母娘娘,月宫仙子嫦娥……

　　天上真的有神仙吗?天上究竟是什么样子?如今,科学飞速发展,人们已逐渐揭开宇宙神秘的面纱。也许不久的将来,人类还能到宇宙去旅行。

神秘宇宙大揭秘

温暖的手抚摸着摇篮里的赤婴，

慷慨地赐予慈爱和柔情。

特殊的恩宠,还是偶然的幸运？

一个小小的星球上孕育着生灵。

这里不冷不热,不远不近;

生命,只是同一物质的不同组成。

高度统一,变化无垠,

太阳! 自然的巨手万能。

月亮究竟惹了什么祸

◆鄢烈山

> 月球对地球的重要影响是引起潮汐。日复一日的潮起潮落,包括闻名遐迩的钱塘潮,其"主导演"就是月球的起潮力。

(背景新闻)

最近,俄罗斯5位科学家向俄政府提出一个惊人的建议:摧毁月球。他们认为,月球是地球的一个庞大的"寄生虫",月球强大的引力使得地球以一种笨拙的倾斜的姿势绕着太阳转,因此使得地球上的气候变化无常,灾害不断。而如果将月球摧毁,地球就不再倾斜,地球上不再有四季的轮换,俄罗斯寒冷的冬季会一去不复返。地球将成为人类生存的天堂,不再有灾害和饥荒。

月球的"千秋功过"

南京紫金山天文台研究员王思潮先生给我们讲了月球的功过。

46亿年以前,月球就开始与地球相依为伴,当时,地球还只是一个"蛮荒"的星球,毫无生命的气息。经过多少亿年的漫长演变,地球才变成太阳系惟一的生命乐园。这其中,月球功不可没。

月球对地球的重要影响是引起潮汐。日复一日的潮起潮落,包括闻名遐迩的钱塘潮,其"主导演"就是月球的起潮力。

与引力不同,月球的起潮力与月球的质量成正比,而与月球和地球之间的距离的立方成反比。太阳的起潮力也同理。太阳的质量约为月球的2700万倍,太阳离地球的平均距离是月球离地球平均距离的390倍左右。计算不难发现,由于距离以立方影响起潮力的大小,所以月球对地球的起潮力是太阳的2.25倍。

月球和太阳对地球的起潮力引起地球上海水的潮汐,仿佛是一种小小的"刹车片",其长远影响一是使地球自转缓缓变慢,大约每10万年减慢两秒。二是使月球以每年3厘米的速度远离地球,所以说,远古时月球比今天离地球近得多,影响也大得多。遥想多少亿年前,那排山倒海的巨潮扑向海岸,恰巧为生命从海洋这个摇篮登上陆地推波助澜。

地球身子歪与月球无关

至于现在有人"状告"月球引力拉歪了地球的自转轴,这真是天方夜谭。月球根本无此扭转乾坤之力。

由于引力是与两个物体之间的距离平方成反比的,因此它并不像起潮力那样对距离敏感。计算不难发现,现在月球对地球的引力仅仅是太阳对地球引力的1/179。然而即使是太阳的引力也无法从根本上改变地球自转轴方向的正与歪。在太阳系中,太阳对包括地球在内的九大行星引力影响最大,然而这九颗行星的自转轴方向仍是"各自为政"。最特别的是天王星,它简直就是躺在它绕太阳公转轨道平面上自转,仿佛一个撒娇又赖皮的孩子躺在地上。按说,天王星离太阳的平均距离是地球离太阳平均距离的19倍,太阳引力的影响要小得多,而且天王星自己的卫星对天王星的引力影响也只有我们月球对地球引力影响的1/20。然而天王星自转轴方向歪得倒了下来,可见引力起不了决定性作用。

地球与其他行星的自转轴方向是在它们诞生时形成的,当时星球与星球之间的激烈碰撞是一个重要的原因。不难看出,月球的引力对地球影响很小,对地球自转轴的正与歪,根本就没有"作案"的能力,何罪之有? 就算没有月球,地球的自转轴还是倾斜,春夏秋冬还是循环往复。

假使将地球扶正

假使真的能将地球扶正,此时确实没有春夏秋冬,然而由于动植物已适应千百万年的生长节奏,一旦改变,粮食势必大面积减产,那样不仅消灭不了饥荒,反而会使饥荒百倍地蔓延。而且自转轴垂直的行星未必就是天堂,最典型的就是金星,它们自转轴确实基本上垂直,然而那里的表面温度高达近500摄氏度,简直像炼狱。

核弹能摧毁月球?

俄科学家认为6000万吨级的核弹头就能摧毁月球,简直是奇谈。其实只要用小望远镜就可以观测到月球表面上有密密麻麻的环形山,有不少环形山直径在100公里以上。这些环形山表明月球历史上遭受到了远比6000万吨级核弹轰炸威力大的小行星的撞击,然而月球依旧岿然不动。若是真用核弹轰炸月球,只能使其增加一个中等大小的环形山,使月球这片净土蒙上核污染之灾。

文章标题新颖,月亮究竟惹了什么祸?她什么祸也没有惹。俄罗斯的那几位科学的观点是没有科学依据的,那只是杞人忧天。

文章用严谨的科学态度和大量事实,详实地说明了月亮的存在并不影响地球,并不影响我们人类的生存。相反,月亮的存在,帮助了我们人类。

1. 月球对地球的重要影响是什么?

2. 月亮对我们人类的起源有何重要作用?

3. 为什么说俄罗斯科学家认为用 6000 万吨级的核弹头就能摧毁月球是奇谈?

在太空中理家

◆ [美]杰瑞·M·利宁杰

一旦处于舒适的跑步节奏,我会闭上眼睛,想像着慢跑在自己最喜欢的回家路线上——公园、孩子们玩耍的垒球场、摇摆的树林。

在太空中,我花了将近一个月的时间,才算完全适应了做一个太空人。对飞行与漂浮,从软管里吮吸经过脱水、净化的食品我都变得习以为常。24 小时的时间变得没有意义——一天之中太阳会升起 15 次。衣服变成一件可以牺牲的东西——我穿一段时间,然后扔掉。我头脚倒置睡在墙上,排泄在管道里。我觉得自己好像一直就生活在那里似的。

尽管在太空中漂浮时,进行跑步运动也是可能的,但没有重力的拖拽,跑步不用费力气。漂浮时奔跑几个小时也不会觉得累,但不幸的是,对自己也没什么作用。无论怎样,要获得任何训练收益,都会有些阻力。因此,在登上跑步机之前,我得穿上铠甲。这铠甲紧得就像冲浪者穿的那种类型,且连接在跑步机两侧固定着的金属板上。铠甲会用 70 公斤的力将我猛拉到跑步机上——以此来模仿重力的拉力。

在地球上,我是如此喜欢户外活动,以至什么都不能阻止我跑步、骑车、游

85

泳——或所有三项——每天的练习。但踩在跑步机上，我觉得跑步时肩上像坐着什么人。我的脚底不能适应任何负重，每一次练习的前几分钟都像有针扎了进去。随着训练程度的提升，我的跑步鞋会因为底板摩擦而升温，有时候，甚至到了能闻到橡胶灼烧味道的程度。

就像《奥兹国的男巫师》里的铁皮人，我觉得所有的关节都需要加油。穿在身上的100多磅重的铠甲，只能部分地分散我身上的负重。在人为的负重之下，我的肩膀和臀部都会痛苦地反抗。不可避免地，肩膀、臀部的疼痛灼热与摩擦发热将不断加重。我发现自己不断地调整铠甲位置想分散这种定点的疼痛，但只是白费力气。我这习惯了太空生活的身体不欢迎锻炼。坚持一天两次一小时的训练需要耗费我能够掌握的所有意志与自制——一旁还有萨沙的袖珍光盘播放机正在大声喧哗。

我需要运动。人的身体，在不用花费力气的宇宙中闲置，就会急剧虚弱。骨质疏松，肌肉萎缩。如果5个月后，我不用再变成地球人，那么身体机能退化就没什么大不了的。但不久以后，我必须抱着我25磅重的儿子散步。此外，如果在着陆时有什么紧急情况发生，我得依靠自己的力量从航天器里出去。锻炼是克服失重造成的体能衰退的一种方法。

我的躯体终于变得灵活了。我的脉搏从静态时的每分钟35～40下变成150下。尽管不太舒适，锻炼仍给予了我一种休息——一种放松方式。一旦处于舒适的跑步节奏，我会闭上眼睛，想像着慢跑在自己最喜欢的回家路线上——公园、孩子们玩耍的垒球场、摇摆的树林。这样做会使时间过得更快。

有时候我会想起自己死去的父亲。我强烈地感受到他的存在，也许是因为我人在天堂，离他很近。我会与他默默地交流，告诉他我很想念他。他看上去快乐而满足，他为我高兴。尽管有时候，我会热泪盈眶，与爸爸交谈感觉真好，和他在一起很舒服，流泪之后人也感觉好得多。

有时候跑步是一种纯粹的欢乐，我觉得自己在跳跃欢唱。尽管我在地球上是从没有遇到过人们常说的跑步者的兴奋点，在太空中跑步时，我真的达到了陶醉的程度。在"和平"号的跑步机上，我发觉自己既体会到了跑步的兴奋，又感受到了跑步的沮丧。

我也喜欢上了非官方的记录书籍。在我的第一次飞行中，当我们飞到美国上空时，我定下了秒表。接下来的90分钟，我开始不停地跑。飞船以每小时17500英里的速度在地球轨道上运行一周，需要90分钟的时间。我环绕了地球，我瞥向窗外，又一次看见了美国。《跑步者的世界》杂志后来写了一篇关于我不停地跑步，绕世界一周的文章。登上"和平"号后，我重复了这项举动好几次。尽管我不太在乎自己到底进行了几次不停的奔跑,我只想说,我曾经绕过这个世界一两次。

当我不在跑步机上跑的时候,就没有什么力量将我往下拽,也没有什么来压迫我的脊椎。我长高了。

起飞那天我的身高略微不足 6 英尺。但我在轨道上呆了一天之后,就成了整整 6 英尺。在轨道上的第二天结束后,我量得 6.2 英尺。"啊!"我想,"也许等我回到地球就可以退役,开始在 NBA 打球了。我每天都在长高,灌篮应该没有问题,实际上,我可以飞到篮板上,然后从篮筐往下扣!"

到第三天结束,我的生长完成了,我仍旧是 6.2 英尺。以后在太空中的 5 个月,我保持了 6.2 英尺,在我回到地球的第一天则缩回到我离开前的正常身高。

我的 NBA 梦想仅此而已。

我们的服装包括一件棉 T 恤,一条棉短裤和一双汗袜。没有供应内衣。T 恤与短裤都是些没劲的颜色。稍微好看一点儿的那套是令人作呕的绿色,领口镶了艳蓝色的边。俄罗斯产的棉布真是太薄了,衣服几乎是透明的。不仅如此,没有一条短裤是有松紧的内裤。客气一些,我只想说,短裤太松,而任何东西在太空中都会漂浮。这套衣服真是够可以的。

在飞行之前,我的俄罗斯教练教导我,出于卫生的原因,在太空中不到 3 天就得换一次衣服。不幸的是,在拿到"和平"号的服装行李清单时,我们发现,船上的衣服只够我们每两星期换一次。

一套衣服穿两星期是有些久了。船上没有淋浴设备,没有洗衣房。"和平"号冷却系统的故障使空间站的温度持续一个多月上升到 90 多度。在太空中使劲地踩跑步机,我会大量地出汗,汗水在脸上凝成水珠。

我努力适应这两星期的日程,而不太为自己感到恶心。第一周,我会日夜穿着相同的衣服。第二周,这些衣服就会变成我的跑步装。我会将锻炼服装放在电冰箱冷冻装置的排风扇附近,使得汗湿的 T 恤在早晨到黄昏两次运动之间变干。但多数时间是,在我下午踩上跑步机之前,得穿上仍旧潮湿的 T 恤。

穿了两星期之后,我发现那衣服真是令人讨厌透了。我会将潮湿的衣服团成球,用导管将它们缠起来。然后我会将球扔进前进号垃圾车里。前进号在再次进入大气层时会烧毁,这对我那可恶的、臭气熏天的破布来说,是个合适的结局。

"和平"号上没有淋浴或盆浴。太空中的洗澡过程等同于在地球上用海绵搓澡——还得外加因失重与缺水造成的困难。

要洗澡,一开始,我得将水从配给装置射入一个装有特种低泡沫肥皂的锡箔小包里。然后,我会插入一个带有自动开关折叠装置的麦管。接着,我摇动小包,打开折叠,往身上挤几点肥皂水。如果我保持不动,水会变成小珠子附着在皮肤上。然后我用一块类似4×4英寸棉纱垫的布,把水抹遍全身。因为在洗澡过程中布变得很脏,我总是最后才洗脚、胯部与腋下。

对于我过长的头发,我则使用一种不用冲洗的香波。这种香波不需要水。我直接将香波倒在头皮上,然后搓洗。理智上,我知道我的头发不比使用香波前干净多少——尘土能到哪里去?——但心理上觉得干净一些。

在我的保健箱里有俄罗斯人提供的一种特殊护牙用品——能带在小指上的套形湿润棉纱垫。在手指上套上棉垫,搓洗牙齿和牙龈。尽管不是什么天才设计,我宁可把克莱斯特牙膏挤在牙刷上。为了不使嘴里的液体与泡沫漂起来,刷牙时我得尽可能将嘴闭上。刷完牙后,我会将多余的牙膏与水吐在曾用来洗澡的同一块布上,然后除去头发上的香波。

在太空中,刮胡子不是件容易的事,而且十分浪费时间。我会往脸上挤少量的水,表面张力与我的胡碴儿使水附着在脸上。我会在水上加一点儿美国宇航局制造的叫做"太空剃刀"的刮胡膏。每刮一下,刮胡膏与胡子的混合物就会暂时黏在刀片上,直到我将其放到使用了一星期的脏毛巾上。每放一次,我就会滚动毛巾来抓住丢弃物。

因为花费时间太多,我选择每周刮一次胡子,即在每个星期天的早上。我不留大胡子是因为,如果在突发事件中我需要戴上防毒面具,胡子可能会阻碍全脸面具的密封。一周刮一次胡子变成了一种计时的方法。如果在镜子里瞥见一张脏乱的脸孔,我就知道是星期五或者星期六,我又熬过了一周。

我的床是光谱太空舱后面的一堵墙,对面的地板上有一台通气扇。因为在太空中热空气不会上升,这里没有空气对流。风扇是使空气流动的惟一途径。

睡在一个不够通风的地方,你很可能会像是在一个氧气不足与二氧化碳过剩的罩子里呼吸,结果会导致缺氧与换气过度。人醒过来时会感到剧烈的头疼,且会拼命吸气。

出于这个原因,我头脚倒置睡在墙上,头冲着那台运行的风扇。我用一根BUNGEE绳或是一条尼龙褡裢防止在夜里漂走。我见过其他宇航员在睡觉时到处漂浮——他们在晚上绕着飞船漂浮,通常撞上过滤器的吸入一侧时才会醒来。

我就是这样在太空中生活了5个月。

心灵体验

自从人类的脚步第一次踏上月球,人类探索太空的历史就拉开了帷幕。宇航员在太空中的工作在普通人眼中充满了神秘色彩。本文作者并没有从专业的角度讲述宇航员的工作情况,而是从日常生活的方方面面把宇航员的生活展现在我们面前,它使我们了解了宇航员在太空中的生活状况。本文语言通俗易懂,风趣生动。

1. 本文从哪些方面介绍了宇航员的日常生活?

2. 你还知道其他一些关于宇航员工作生活情况的资料吗?

3. 如果你是一名宇航员,你认为自己能在太空中度过 5 个月的太空生活吗?

黑洞一家亲

◆姜 岩

黑洞研究引起人们兴趣的一个重要原因是,时间和空间在黑洞中消失,意味着通过黑洞有可能将我们现在的时间和空间连接另外一个时间和空间,时间旅行有可能实现。

如果一个天体质量足够大、体积足够小,那么它的引力大得就会连光都逃不出去。这种天体就是黑洞。黑洞有许多古怪的脾气。原先人们认为黑洞是静止的,后来人们发现多数黑洞应当是旋转的;原先人们认为黑洞是"只进不出"的守财奴,后来人们发现黑洞在吞噬周围物质的同时也向外发出物质和能量。

近年来,科学家又发现了黑洞的许多新的怪脾气。2002 年 4 月,英国南安普敦大学的科学家菲尔·厄特利与同事宣布,他们对由巨大黑洞和小型黑洞发出的 X 射线辐射进行了比较研究后发现,尽管黑洞其大小各异,质量也相差甚远,但它们在吸收周围气体同时放射出 X 射线的过程中有着相同的波动规律,如同快慢不同地演唱音调相同的"同一首歌"。科学家表示,这一发现具有重要实际意义,可以帮助天文学家对黑洞的 X 射线"曲调"进行分析并推算黑洞的质量等特性。

黑洞也会"因噎废食"是科学家发现的黑洞的另一个怪脾气。英国剑桥大学天文所的斯通教授及其同事通过模拟结果发现,物质环在落入黑洞过程中,先被黑洞吞下的部分还会不断被吐出,最终使得只有很小一部分物质环真正进入黑洞。

天文学家们认为,这一结果显示黑洞并不像假设的那样能吞下"喂"给它的一切物质,而且强行"塞"给黑洞大量物质还很可能会将其"噎"住。

两个脾气古怪的人相遇往往会发生激烈争吵,如果两个黑洞相遇会出现什么情景呢?德国和美国科学家最近借助功能强大的超级计算机,首次模拟出了大小不一的两个黑洞剧烈碰撞的过程。他们发现,两个黑洞碰撞后经过一个激烈的过程形成新黑洞,这一碰撞过程会释放出极大的能量。他们发现,质量分别为太阳15倍和10倍的两个黑洞相撞时,释放出的能量将比太阳过去50亿年来产生的能量总和还要多出数千倍。这一成果对实际探测黑洞碰撞发散出的引力波具有重要价值。

上述两个黑洞相遇的过程是在计算机上模拟出来的,现实中天文学家观测到这种现象了吗?科学家分析认为,1999年1月23日,美国和意大利的科学卫星探测到极强大的一次伽马射线爆发有可能是两个黑洞相遇后的结果。这次爆发在数10秒钟之内释放出的能量可能相当于1万个太阳在50亿年里释放能量的总和。这次爆发据认为是发生在距地球几十亿光年的宇宙深处,其亮度比以前发现的最强爆发还要高10倍。假设爆发时伽马射线是沿各方向均匀射出,则这次爆发产生的能量极其庞大,用现有理论无法解释。科学家推测,这次爆发用两个黑洞相遇解释比较合理。

原先人们认为黑洞不多,但科学家发现在宇宙尺度上,黑洞几乎"无所不在"。仅在我们生活的银河系就有不少。不过尽管黑洞很多,科学家发现的黑洞的个头却呈现出两个极端的分布,大的很大,小的很小,缺乏中间过渡层次。寻找黑洞家族中的"承上启下者"是天文学家研究的一个课题。2002年9月17日,美国天文学家利用"哈勃"太空望远镜新观测到两个中等质量黑洞的迹象,其中一个位于飞马星座的M15球状星团,距地球3.2万光年,质量为太阳的4000倍;另一个位于仙女星系的G1星团中,质量相当于2万个太阳,距离地球220万光年。这一重要发现不仅为研究黑洞家族的演变补上"缺失的一环",也有助于深入理解星系结构的形成等天文学基本问题。

黑洞研究引起人们兴趣的一个重要原因是,时间和空间在黑洞中消失,意味着通过黑洞有可能将我们现在的时间和空间连接另外一个时间和空间,时间旅行有可能实现。如果按照包括霍金等人的假说,我们的宇宙不是时空4维而是11维的话,那么黑洞有可能是通往其他7维的通道。黑洞留下很多谜,很值得我们进一步探索。

黑洞是科学之谜,作者为我们展示了黑洞的神秘和神奇。文章先讲科学家发现了黑洞的两个怪脾气,接着详细说明两个黑洞相遇的情形,吸引我们去阅读、探究。文章语言简洁,生动活泼,运用列数字、作比较的说明方法,解说得更清晰明了。

1.结合文章内容说明"黑洞一家亲"是什么意思?
2.文章介绍了黑洞的哪些"怪脾气"?
3.为什么说黑洞也会"因噎废食"?

人 与 地 球

◆赵鑫珊

> 那个美丽的、容易被打碎的玻璃球,带着一丝忧郁,满腔期待着人的呵护,缓缓地、静悄悄地升起来,周而复始,春夏秋冬……

我看过无数摄影作品。最使我震撼的却是1969年美国宇航员站在月球上拍摄到地球缓缓升起来的情景。她显得很大,呈蓝色,像个美丽的玻璃球,但很脆弱,容易被打碎。

我久久看着那球,觉得美丽中透露出淡淡的忧郁。哦,那生我们、养我们的故乡,人类文明之旅的大舞台!

人与地球的关系是我们说得完的吗?

有说得尽的老子、孔子和李白,也有说得尽的莎士比亚、康德和歌德,但人与地球的关系却是讲不完的!

不过谁要谈论这种关系,务必先要讲讲人与太阳的关系。事实上,人类文明是太阳照耀下的文明。日月无私照。自地球上有人类的好几百万年以来,太阳早就这样天天不慌不忙地起落,老是按一个固定的节奏,给地球以巨大的能(光和热),巨大的动力。如果说,地球是人类的母亲,那么,太阳就是地球的母亲。

"太阳常数"是个至关重要的值。它的定义是:在地球大气外距离太阳一个天文单位的地方,垂直于太阳光束方向的一平方厘米的面积上在一分钟内接收到所有波长的太阳总辐射能量。据测量,太阳常数值是 1.96 卡。

该常数增加或减少对我们都是灾难性的,其后果便是地球炎热难熬或进入冰河期——这便是我所说的"太阳咳嗽一声"的含义。

再就是地球上一切绿色的光合作用同人类的关系。该作用是地球上一切生命(包括人、野羚羊、雷鸟和原野上的小草)赖以生存的惟一基础。绿色植物利用太阳光的光能将水和二氧化碳等无机物合成为有机营养物(即碳水化合物)并释放出氧——这便是光合作用。

这是地球上最最重要的化学反应。

它才是人类文明之旅的第一前提,也是一切动植物生存之旅的第一前提。

光合作用是上帝大自然或大自然上帝在他的中世纪古城堡地下密室玩的魔术。当然也是他的专利。不过科学家们正在向该专利挑战。他们正在努力揭开绿色植物转换太阳能的神秘机制,探索光合作用的动力学,为的是大幅度提高转换率,使粮食增产。

在这里,我想讲一段我个人的往事。

1970 年我在辽西放羊。小宋是西村的羊倌。当我们两个牧羊人碰在一起,他会对我说:"老赵哇,替我看一下羊,我去打点儿柴。家里锅里有了,锅下面没有也不中!"现在我把我这段个人经历努力提升到人类文明普遍世界的意义。其实,中国农村最迫切需要两种东西:

锅里面的——粮食;

锅下面的——燃料。

广而言之,这也是 21 世纪人类文明之旅所面临的两个时代课题:世界粮食问题,世界能源问题。

这都涉及绿色植物的光合作用。其实,煤也是该作用的产物。煤是上亿年前光合作用后的浓缩太阳能。

许多年来,我有在荒原或林中小道散步的习惯。我尤其偏爱踩着深秋一大片落叶缓缓地走着。有时候,我会突然停住脚步,低头望着枯黄的叶,内心的独白是:

"你飘零了,为的是给来年新的嫩芽腾出位置,让出生存空间,继续你那神圣、崇高、无私的光合作用,养活地上 60 亿人口。谢谢了!"

人与地球的关系必须是感恩的关系。注意:是必须,不是应该。"必须"和"应该"有本质区别。"应该"仅仅是道义上的,"必须"带有一种铁的自然规律的逻辑和必然性。

一旦这种感恩关系普遍确立了,人类便宣告成熟了一半。又如果人与人、民族与民族、国家与国家的关系不再是仇恨,而是互助、友爱,那么,人类的另一半也成熟了。

这两个成熟,正是 21 世纪两个最大课题。它们都不是科学技术问题,而属于人文精神的范畴。

夜深人静,我常想起那件摄影作品。那个美丽的、容易被打碎的玻璃球,带着一丝忧郁,满腔期待着人的呵护,缓缓地、静悄悄地升起来,周而复始,春夏秋冬……

人类什么时候能够成熟呢? 这一半加上另一半。

本文是一篇具有浓郁抒情色彩的优美散文。作者以一种感恩的心情向我们讲述了人与地球的关系;在人与地球的关系中,太阳起着至关重要的作用。文章对此作了两点具体说明,一是太阳常数对地球的影响,一是光合作用同人类的关系。我们能在地球上生存,很大程度上依赖于太阳的照耀和地球本身的自然条件。所以,作者呼吁要以一种感恩的心善待和关爱地球。

1.品味作者把地球喻为"玻璃球"的妙处。

2.作者认为人与地球应是什么关系?说说现实生活中人与地球的关系。

3.结尾说"人类什么时候能够成熟呢?这一半加上另一半","这一半"和"另一半"各指什么?

宇宙年龄有多大

◆夏 虹

宇宙年龄到底有多大,科学家原先认为大约在 100 亿年至 200 亿年之间。最近几年的一些研究将这一范围进一步缩小:我们的宇宙年龄大约在 140 亿年左右。

宇宙年龄到底有多大,科学家原先认为大约在 100 亿年至 200 亿年之间。最近几年的一些研究将这一范围进一步缩小:我们的宇宙年龄大约在 140 亿年左右。

确定宇宙年龄的主要方法之一是根据目前宇宙膨胀的速度向前推算。不过这种方法推算的年龄并不十分准确,还需要其他方法佐证。目前科学家根据发现的最古老的星体的年龄、最古老的星系的年龄以及某些特殊元素含量的对比来推测宇宙的年龄,取得了一系列进展。

2002 年 4 月,一个由法国、荷兰、德国和美国科学家组成的研究小组宣布发现了一个远在 135 亿光年的正在形成的星系团,这是迄今人类发现的最远的星系团。在天文学界,星系团的形成至今还是个谜。根据目前的理论,物质的聚集应该形成于宇宙大爆炸后产生的气体中。这些物质聚集后形成星体,然后又组成星系。根据这一发现推测,宇宙的年龄不会低于 135 亿年,但也不会超出这一数字太多,因为这一星系团是宇宙诞生初期的产物。

2001 年 2 月,法国巴黎天文台等机构的科学家宣布,利用欧洲南方天文台设在智利的"极大望远镜"上的高精度光谱仪,在银河系外缘的一颗古老恒星 CS31082－001 上观察到的铀 238 谱线。这是人们首次在贫金属恒星上发现铀元素谱线,对精确推断宇宙年龄非常重要。根据铀元素的谱线,推算出该恒星上铀元素的含量。在将它与钍元素含量进行比较后初步推算出,宇宙年龄至少有 125 亿年,误差为前后 30 亿年。这不仅比根据宇宙膨胀率来间接推算宇宙年龄的方法更可靠,也比以前仅用钍元素时误差前后 40 亿年的情形要精确很多。科学家说,通过继续研究这颗恒星上的放射性重金属谱线,并寻找其他含铀的贫金属恒星,有望进一步提高推算结果的精度。

2002 年 4 月 24 日,天文学家们在美国宇航局的新闻发布会上介绍说,他们利用"哈勃"太空望远镜观测到了迄今所发现的银河系中最古老的白矮星,这为确定宇宙年龄提供了一种全新的途径。新结果推算出宇宙年龄约为 130 亿年至

140 亿年。

这些古老白矮星是在位于天蝎星座、距地球 7000 光年的一个名为 M4 的球状星团中发现的。分析表明,这些白矮星的年龄约为 120 亿年至 130 亿年。白矮星是宇宙中早期恒星燃尽后的产物,它会随着年龄的增长而逐渐冷却,因而被视为测量宇宙年龄的理想"时钟"。天文学家们比喻说,借助白矮星来估算宇宙的年龄,就好似通过余烬去推测一团炭火是何时熄灭的,原理上比较简单。但问题是白矮星会由于不断冷却而越来越黯淡,这是实际观测中需要克服的困难。在观测 M4球状星团的过程中,"哈勃"太空望远镜的观测能力发挥到了极限。望远镜上的照相机在 67 天中累计用了 8 天的曝光时间,才拍摄下迄今最黯淡、温度最低的白矮星照片。这些白矮星光线极其微弱,亮度不及人的肉眼所能看到的最暗星体的十亿分之一。宇宙中的首批恒星,最早可能是在诞生宇宙的"大爆炸"后不到 10 亿年间形成的。因此,将这 10 亿年考虑进去,结合最新的白矮星观测结果,推算出宇宙年龄应该为 130 亿年至 140 亿年之间,这与早先的一些结果基本相符。

宇宙年龄到底有多大,本文作者将原科学家的研究结果缩小到了140亿年左右,并大量列举了各个国家的天文学家的研究来进行说明,使文章更有说服力。

1.科学家根据正在形成的星系团推测宇宙年龄的依据是什么?

2. 科学家根据贫金属恒星上铀元素和钍元素的含量推算宇宙年龄的优点是什么?

3.白矮星被视为测量宇宙年龄的理想"时钟"的原因是什么?"时钟"这一比喻说明这一途径具有什么优势?

太　阳

◆沈左尧

　　　　温暖的手抚摸着摇篮里的赤婴,/慷慨地赐予
慈爱和柔情。/特殊的恩宠, 还是偶然的幸运? /
一个小小的星球上孕育着生灵。

甩出亿万里长绳,
系住九个儿子和群群小孙,
像杂技师的"流星",
旋转,旋转,围绕着母亲。
自从太古时一片混沌,
经过几十亿年,个体分明,
遵循森严的规律运行,
太阳! 主宰一切的"神"。

万里烈焰狂喷,
耀白光冕蒸腾;
黑黝黝旋涡幽深,
红艳艳飞转血轮;
无边无际炽浪翻滚,
源于一千三百九十万度的核心。
扰攘无休的核子连锁反应,
太阳! 原子锅炉硕大无朋!

驱散广漠的寒冷,
使黑暗变成光明;
热和光向周围空间疾奔,
洒出强大的粒子流阵阵;
被压出长尾巴的彗星,
把前进的道路打扫干净;
一朝天外旅客光临,

太阳风,驾起银帆航行。

温暖的手抚摸着摇篮里的赤婴,
慷慨地赐予慈爱和柔情。
特殊的恩宠,还是偶然的幸运?
一个小小的星球上孕育着生灵。
这里不冷不热,不远不近;
生命,只是同一物质的不同组成。
高度统一,变化无垠,
太阳! 自然的巨手万能。

远离银河系的中心,
却并非寂寞孤零。
数不尽的千亿颗繁星,
走不完的十万光年灿烂前程。
运动是时间的见证,
瞬息衔接着永恒。
展望那寥邈的河外星云。
太阳! 不过是宇宙间一粒微尘。

　　本文作者是我国著名科普作家,作者用诗化的语言向人们介绍了有关太阳的科学知识, 这样让深奥的天文学知识变得简单、有趣,易于理解。

1.太阳给人类带来了什么?
2.作者把太阳比作什么?
3.你知道太阳的"九个儿子"的名称吗?

嫦娥奔月指日可待

◆ 杭 仁

"嫦娥工程"是我国进行深空探测所迈出的至
关重要的第一步,也是中国航天事业继人造卫星、
载人航天之后的第三个里程碑。

国防科学技术工业委员会新闻发言人2004年1月7日宣布:2004年,中国
将组织实施备受瞩目的绕月工程,2006年发射第一颗月球探测卫星。绕月工程将
分三个阶段实施。第一阶段(2004~2006年)为环月探测;第二阶段(2005~2010
年)为月面软着陆探测与月面巡视勘察;第3阶段(2010~2020年)为月面巡视勘
察与采样返回。目前我国的探月1号(又叫嫦娥1号)探月卫星初步形状和月球探
测卫星的路线图已经确定。

探测月亮有极其重大的意义。首先,它能使人类大大加深对宇宙的认识,包括
认识太阳系的演化及其特性,了解空间现象和地球自然系统之间的关系,并由此
了解人类在宇宙中的位置和作用。

其次,月亮上有丰富的资源,蕴藏有丰富的钛、铁、铀、钍、稀土、镁、磷、硅、钠、
钾、镍、铬、锰等矿产,仅月海玄武岩中含有可开采利用的钛金属至少就有100万
亿吨。另外,在月岩中,氧占40%,它可用作探测器的推进剂和生命保障系统的供
氧源。所以,开采月亮的矿藏很有吸引力。

另外,由于月亮比地球稳定得多,且没有厚厚的大气层和磁场,并拥有弱重
力、高洁净的特殊自然条件和自然环境,因而还可作为对其他星球探测和研究的
平台,是进行天体物理学研究、制备一些昂贵生物制品与特殊材料等的理想场所。

除了科研和商业用途之外,探月还有军事价值。美国几家国防单位,例如国防
先进研究项目局和海军研究实验室均在研制用于月球探索的新技术。国防部也在
研发利用微型军用卫星对月球加以分析的相关技术。

简言之,月球是人类开展深空探测的首选目标。因为它具有可供人类开发和
利用的各种资源、能源和特殊环境;是诸多基础学科观测和研究的基地;是研制和
生产特殊材料与生物制品的理想场所;也是人类向外层空间发展的理想的基地和
前哨站。

"嫦娥工程"是我国进行深空探测所迈出的至关重要的第一步,也是中国航天
事业继人造卫星、载人航天之后的第三个里程碑。中国在继应用卫星和载人航天

工程顺利实施之后,发展深空探测已成为必然趋势。

"嫦娥工程"完全由我国科学家拟定,分为"环绕、降落、返回"三个阶段实施。任务是摸清全月面的地形、地貌和构造;调查月球上有用资源的分布规律;评估月球上的能源前景;监测地月空间的环境。即对月面进行全方位、整体性的综合遥感探测,从中选出有关键意义的月球区域,发射月球车完成软着陆,进行深入探测,为月球基地的建立选择地址。"嫦娥工程"之后是建立月球基地。其最终目的是保持整个地球生态系统的可持续发展。

"环绕"即在最近3~5年发射第一颗月球探测卫星——探月1号卫星环绕月球飞行。主要用于对有开发利用前景的月球能源与资源的分布与规律进行全球性、整体性与综合性的科学探测;并对月球表面的环境、地貌、地形、地质构造与物理场进行探测。

"降落"即在2005~2010年或稍后将月球探测器(月球车或探月机器人)发射至月球表面软着陆进行探测,精细探测着陆区的土壤、岩石、环境、热流和月表的环境;进行高分辨率摄影和月岩的现场探测或采样分析;建设月基天文台;为月球基地的选址提供月面环境、地形、月岩的化学与物理性质等数据。

"返回"即在2010~2020年将小型采样返回舱、月面钻岩机、月球机器人等月球探测器发射至月球表面软着陆,然后通过月球车、机器人等进行现场探测。在月面巡视分析取样基础上,采集关键性样品运回地面进行研究,为载人登月和将来月球基地的选址提供有关数据。同时,对着陆地区进行考察,深化对地——月系统(尤其对月球)的起源与演化的认识。

预计卫星总重量2吨多,采用三轴稳定姿态控制,实现卫星对月定向工作。预计卫星在轨运行寿命大于一年。卫星将对月球的地质、土壤、环境和资源进行探测,并把数据实时地传送到地面上来。

目前,我国航天器所到达的距地球最远距离约7万千米("双星计划"中的探测1号,2003年12月30日发射)。而要实现月球探测,须使航天器飞出地球引力场,进入到38万千米远的空间。由于月球以及月球与地球、太阳的相对关系具有其固有的特点,因此,探月1号卫星与一般的地球卫星有很大的不同。研制并发射月球探测卫星要解决轨道设计、制导、导航与控制(包括对月姿态确定技术)、测控和数据传输、星上热控和电源分系统的设计等关键技术问题。

据探月1号卫星总设计师叶培建院士讲,研制月球探测卫星的技术难点和关键主要有四项:

一是轨道设计与控制。它是实现月球探测卫星绕月飞行的基本保证。必须正确认识月球卫星轨道设计的客观规律,寻找合理的工程实施途径。

二是测控和数据传输。地球与月球的距离是地球与以往发射卫星的10倍以上，测控信号的空间衰减明显增大。同时为实现卫星绕月飞行，需经历复杂的轨道转移过程。这个过程中的测控任务对星上和地面测控系统提出了更高要求。

三是制导、导航与控制。月球探测卫星从环绕地球飞行到准确进入环绕月球的飞行轨道，需经历多次复杂的轨道和姿态机动，要求控制精度高、实时性强。

四是热控技术。月球探测卫星要经历复杂的热环境。由于与太阳的相对位置变化很大，热控技术必须适应复杂的外部温度变化，以保证卫星上所有设备在正常的工作温度范围。

具体飞行程序大致分为三个阶段：一是调相轨道段。即月球探测卫星与运载火箭分离后，通过三次近地点变轨，卫星脱离地球轨道，进入奔向月球的地月转移轨道。二是地月转移轨道段。月球探测卫星要飞行5~6天，其间卫星会进行2~3次中途修正，以确保正确进入预定月球轨道。三是环月轨道段。当探测卫星达到距月球200千米时，开始减速制动。通过3次近月点制动，逐步降低轨道的近月点，最终到达高度为200千米的月球极月圆轨道，进入正常工作状态。从发射到进入环月工作轨道，总时间大约需要8~9天，探测卫星将环绕月球运行一年，对月球的地质、土壤、环境和资源进行探测。目前卫星设计飞行速度为每秒十几千米，这一速度还可以进一步提高。

由于月地距离遥远，卫星将采用一种特殊的双自由度定向天线。此外，鉴于月球外围没有大气二氧化碳辐射带，对月探测将使用新研制的紫外月球敏感器。

据一位资深航天专家介绍，中国探月选择长征3号A运载火箭，以东方红3号通信卫星平台研制探月卫星，在西昌卫星发射中心发射，这三者多次配合成功，技术成熟、可靠性高。"嫦娥工程"国家立项后，探月卫星在远地轨道的控制、紫外遥感月球、接近月球时的减速"刹车"等月球探测关键技术难题，也将一步步得到解决。

该月球探测卫星的方案设计工作是自2002年4月正式开始的。目前，第一颗月球探测卫星已完成方案设计，我国科学家现已基本确定了月球探测卫星的飞行轨道；解决了卫星运行途中的控制问题，及卫星本身的电源、结构和温度控制等系统的相关技术问题。此外，紫外敏感器、卫星专用天线等一批关键技术也获得突破性进展。目前，科学家们正开始进行卫星初样设计工作。

心灵体验

嫦娥奔月是个古老的民间传说，眼看就要被科学家们变成现实。文章详细介绍了嫦娥奔月的重要意义和实施步骤，层次清晰，语言科学严谨，让我们增长了不少太空知识。

1. 探测月亮有何重要意义？
2. 什么是"嫦娥工程"？
3. 研究月球探测卫星的技术难点和关键有哪些？

到宇宙去旅行

◆李 元

在我国民间的传说里也把月亮描写得非常美丽，说是在月亮上有嫦娥在跳舞，有桂树在飘香，还有小兔子在捣药……其实这些仅仅是想像罢了，那是不可能的事情。

夜色渐渐地笼罩了大地，黑夜来到人间。天上闪耀着美丽的星星。它们像大海一样，无边无际地出现在我们的面前。自古以来，天上的星星就和人类的生活有着密切的关系。星星在天空的位置和它们有规律的移动，帮助了人们在陆地和海洋上找到自己的位置，不会迷失方向。什么星星出现的时候应该播种，什么星星出现的时候是该收割的季节了。可见天文学是和农业生产有着密切关系的。我国是世界上天文学发达最早的国家之一，我国古代的天文学就是在密切配合农业生产的基础上发展起来的。

人们把天上的星星，三五成群地组成了各种图案，那就是星座。北斗七星是属于大熊星座的，用它可以帮助我们找到指引方向的北极星。

由于地球从西往东自转，星空也就有了东升西落的现象。随着地球绕太阳的公转，四季星空各不相同：

春天夜晚，我们可以看到雄伟的狮子星座；

夏夜有天蝎星座，还有在银河两岸的"牛郎"和"织女"；

秋夜星空的中心是一个由亮星组成四方形的飞马星座；

冬天晚上，又可以看到明亮的猎户星座和全天最亮的恒星——天狼星。

漫游月球

东方升起了月亮，月光普照着大地。

神秘宇宙大揭秘

101

月亮比地球小,它的直径大约是 3500 公里。古时的人们把月亮上的黑影看成人或树。在我国民间的传说里也把月亮描写得非常美丽,说是在月亮上有嫦娥在跳舞,有桂树在飘香,还有小兔子在捣药……其实这些仅仅是想像罢了,那是不可能的事情。现在,利用天文望远镜,我们可以把月亮看得清清楚楚。

月亮上有广大的平原和高低不平的山地。月亮上的环形山有好几万个。那里几乎没有空气,更没有水,日夜温度相差两百多度。因此,月亮上是一个没有生命的世界。

月亮的质量比地球小。对同一个物体来说,月亮对它的吸引力只有地球上的六分之一。我们每个人在月亮上都可以跑得快,跳得高,想要打破地球上的世界记录,那是轻而易举的事情。

在太阳系里

在星空中,有时我们会发现几颗明亮的星,它们不属于任何一个星座。经过几十天仔细的观察,你会发现它们在星空中慢慢地移动着位置。这几颗星就是地球的"兄弟姐妹",也是围绕太阳运行的行星。我们肉眼能看到的只有水星、金星、火星、木星和土星。

金星常常出现在傍晚的西方天空,或者辉耀在早晨东方的天空里。红色的火星比地球小。

最大的是木星。它比地球的体积大了 1300 倍。最美丽的是土星。它有一个漂亮的光环,用天文望远镜可以看到。这个光环是由环绕在土星周围旋转着的微小物质形成的。

太阳系里最远的三个行星是天王星、海王星和冥王星。只有用望远镜,才能看到它们。

太阳的家庭里还有许多的流星和彗星。我们在夜晚看到的流星,是走进地球大气层来的流星体(石块或铁块)。它们与大气猛烈碰撞后发光发热,就形成流星现象。

流星体的残余部分掉到地球上来,就是陨星。我们有时可以在博物馆和天文馆里见到这些"宇宙来客"。它们主要是由铁、镍和岩石组成的。因此,宇宙间的物质,不管存在于哪个星球上,它们只有形态上的不同,而没有本质上的区别。

有着长尾巴的彗星更能引起人们的注意。过去有人把彗星叫做扫帚星,以为彗星的出现是灾难降临的预兆,这是没有根据的。其实,彗星大部分是由稀薄的气体组成。在接近太阳的时候,受到太阳辐射的压力作用,彗星气体被推向后边而形成尾巴。

恒星与银河

太阳系虽然很大，然而它只是宇宙间很小的一部分。除了几颗行星以外，天上的每一颗星都是一个恒星，它们都是一个个遥远的太阳。我们用光年来计算星星的距离。一光年等于光走一年的路程，大约为 10 万万万公里不到一些。

大家熟悉的织女星，和我们的距离为 27 光年。织女和牛郎星之间的距离有 16 光年。假如牛郎给织女打一个无线电报，这个电报一来一往就要 32 年！可见恒星距离有多么遥远。牛郎、织女渡河相会的传说尽管是一个美丽的故事，究竟不等于事实。

隔在牛郎和织女之间的白茫茫的光带，叫做银河。用望远镜可以看得出银河是由许许多多的恒星组成的。银河只是从地球上看去银河系中密集的一部分。银河系约有 1000 多万万颗恒星，它像一个扁圆的铁饼。从侧面看去，很像一个织布的梭子。银河系的直径约为 10 万光年，我们的太阳系就在它的边缘附近；而我们的银河系又只是无限宇宙海洋里的一个小岛。

无限的宇宙

离我们较近的另一个"银河系"——河外星系，就是仙女座大星云。它与地球的距离在 200 万光年以上。

猎犬座的河外星系离我们更远。从它的形状上看得出它有着剧烈的运动，所以才具有旋涡形状。可见在宇宙中的物质，小到原子世界，大到恒星宇宙，没有静止不动的东西，物质都是在运动着和发展着的。

用了现代最大的天文望远镜，已经探测到的河外星系已有 10 万万个。最远的达 100 多万万光年。就是在这样的宇宙"深处"，仍然没有找到宇宙的边界！是的，宇宙是不会有边界的，宇宙是无限的，宇宙是物质的。在匆忙短促的"宇宙旅行"中，只能得到一小部分星球世界的印象，而无限的宇宙还有待于我们去进一步认识呢！

我们的"宇宙旅行"虽然短促，然而让我们开了眼界，增长了不少知识。使我们认识到人类的劳动和智慧的伟大。因为有了人的劳动和智慧，才可能揭露宇宙的秘密，才能征服自然，改造自然，为祖国社会主义建设的伟大事业贡献出更多的力量。

本文是一篇介绍宇宙知识的科普文章。它让我们认识到宇宙是无限的,宇宙是物质的。人类还需用劳动和智慧进一步认识宇宙,揭示宇宙的无穷奥秘。

1.我们在四季仰望星空,能看到些什么星星?

2.根据文中的知识说说月球是什么样的?

3.为什么说宇宙是无限的?

雷电探秘

◆佚 名

雷的发光时间虽然只有千分之几秒,但是每次发光的能量最大相当于 30 万兆瓦时,相当于 300 万盏电灯泡发光时所需的能量。

正如"落雷"这个词显示的那样,自古以来,人们就认为雷总是向地面降落的。但是最近,科学家多次观测到向天空释放绿光和红光的雷。地球上每秒都会打 100 次雷,一次发光的能量最多能点亮 300 万盏电灯泡。现已得知,这种巨大的能量也会对地球环境产生影响。下面就让我们看一看雷研究的最新进展。

红光与绿光

雷云的底部带有负电荷,顶部带有正电荷。正电荷将被引向地面,雷云的底部和地面就像电容器的关系,当每平方米的电压超过 100 万伏时,就会出现放电现象,这就是雷。

另一方面,有很多飞行员说自己看到过光在一瞬间冲向太空的现象。1989 年,美国明尼苏达大学的高灵敏度摄像机在观测夜空时,偶然捕捉到这一瞬间的情形。此后,全世界都开始对此进行观察。

1995 年,日本东京大学在美国科罗拉多州发现了另一种呈红色的发光现

象。其高度在 90 公里附近,呈独特的圆盘状,最大直径达 600 公里。它被命名为
"小天使"。

2002 年 3 月,英国《自然》杂志刊登一幅泛着蓝白光的像焰火一样的照片。这是
美国宾夕法尼亚大学拍摄的名为"蓝色喷射"的雷。它是在高度约为 10 公里的云的
顶部发生的,其速度相当于飞机的 1000 倍,一直到达离地面约 80 公里的高空。

地球环境和雷

很多陨石在进入大气层时被完全烧毁。来自太阳和银河的宇宙射线也被大气
层吸收,几乎到不了地面。大气层就像是地球的屏障,遮断了与太空的联系。但是,
"蓝色喷射"表明,地球也有可能对宇宙产生直接影响。

东京大学超高层大气物理学讲师高桥幸弘指出,地球上每秒会发生 100 次打
雷现象,向太空放电的雷每天有可能超过 10 万次。

雷的发光时间虽然只有千分之几秒,但是每次发光的能量最大相当于 30 万
兆瓦时,相当于 300 万盏电灯泡发光时所需的能量。

由于打雷时会释放出高能电子,在航天飞机内工作的宇航员是否会受到放射
线的危害呢? 这是一个有待研究的课题。

据说高能量的雷还对地球温室化产生了影响。2000 年,东京大学和宇宙开发
事业团等组成的研究小组在利用飞机进行观测时发现,在澳大利亚的热带地区出
现落雷后,对流层上部的氮氧化物浓度比平常高出 10~100 倍。据说分布在热带
地区和非热带地区的对流层内的氮氧化物,分别有 50% 以上和 10%~20% 是因
雷而产生的。

东京大学大气物理化学助教北和之指出:"氮氧化物与对流层内臭氧的产生
密切相关。臭氧是一种会对人体和植物产生不良影响的污染物,与二氧化碳一样,
会产生温室效应。"可以想像,对流层上空的大气也会因放电现象而出现变化。从
防止温室化和大气污染的视点来看,观测打雷现象是非常重要的。

国际合作取得进展

每年夏天,都会有包括日本在内的十几个国家的研究人来到美国气象学博士
沃尔特·利翁的兼做观测站的住宅,他们已建立起合作关系。

2002 年 2 月,美国斯坦福大学的研究人员到达日本。他们的目的,是为了调
查澳大利亚打雷时释放的高能电子是否到了日本。

地球是一个北极为 S 极，南极为 N 极的巨大磁体，日本和澳大利亚是被一根磁力线连接在一起的。由于电子是沿着磁力线运动的，因此澳大利亚的雷有可能对日本的大气产生影响。

2002 年 7 月，以色列的研究人员也搭乘航天飞机，与日本等几个国家合作，对有关的打雷现象进行观测。此外，我国台湾于 2003 年 10 月发射搭载了日本的高速测光器的人造卫星，开始对"小天使"现象进行观测。

这篇文章向我们介绍了有关雷电的知识。作者用举例子、列数字、作比较等说明方法向我们介绍雷电的速度、颜色、产生的原因、与地球环境的联系等。全文深入浅出，通俗易懂。

1. 什么是雷？
2. 雷与地球环境有何重要联系？

太空芭蕾舞

◆雪 生

一些舞蹈演员使用一种叫做"固定点"的技术，把目光固定在他们周围的某些点上，用这些点作为参照物，来帮助自己克服头晕眼花。

解决零重力环境下生活的麻烦

很久以来，零重力环境下生活的麻烦一直让航天专家感到棘手。在地球上，我们之所以能判断上下，主要有三个原因：其一，有视觉上的参照物，例如垂直的墙壁；其二，我们的平衡器官——在内耳中的半规管——发出了信号；其三，通过我们的身体，如胳膊和头所受到的拉力以及脚掌所受到的压力，我们感觉到了重力和方向。把所有这些因素综合起来，我们就得到了一个明晰的感觉，知道自己的身体是否稳定。

但是,在零重力环境下,所有这些信号几乎都消失了,你惟一能赖以辨别方向的东西是你周围的航天飞机或飞船的墙壁。这时,由于身体的方位感觉已经丧失,来自这些视觉的信号与身体的感觉相冲突,所以,这些信号除了令你感到难受外,对你的方向感帮不了什么忙。事实上,麻烦还不止这一点,航天员经常会抱怨自己的手和眼睛不协调一致。杜波依斯说:"这是因为在失重环境下,身体和环境之间的区别变得模糊。"

当然,经过长期的太空生活后,航天员终归能够学会应对这些麻烦。但是,杜波依斯认为,在航天员进入轨道之前,她也许能够帮助他们做好充分的准备。

芭蕾舞演员和航天员要面对相似的方位和平衡问题

杜波依斯指出,芭蕾舞演员和航天员面对的方位和平衡问题是相似的。当舞蹈演员做旋转或跳跃动作时,他们的平衡器官传送自相矛盾的信号给他们的大脑,而这些信号能导致头晕眼花,甚至恶心。如此一来,舞蹈演员就必须学习该如何应对这些困难。一些舞蹈演员使用一种叫做"固定点"的技术,把目光固定在他们周围的某些点上,用这些点作为参照物,来帮助自己克服头晕眼花。还有一些人更喜欢借用自己的身体感觉,特别是依靠头脑中形成的姿势画面作为参照。

经过十几年的研究和实验,杜波依斯认为,航天员也可以使用这些技巧。1994年,她进行了一次非常有代表性的实验。

杜波依斯带领两名志愿者登上了欧洲航天局的"呕吐彗星"。"呕吐彗星"是一些国家专门用于失重实验的飞行器,因为常常引起乘客的呕吐,故得此名。欧洲航天局的这个"呕吐彗星"是一架改造过的客机,能沿着长长的抛物线飞行,每次抛物线运动大约能提供长达 30 秒的微重力环境。杜波依斯的两名志愿者都不是舞蹈演员,但是她已经给其中的一名志愿者进行了 36 个小时的舞蹈培训,主要教授两件事情:一件是发现身体重心的方法,另一件是能帮助身体定向的运动。在他们做自由落体运动而片刻失重的状态下,杜波依斯让他们做了一些简单的动作,例如,摆弄一个皮球,或旋转伙伴的身体。他们的动作过程都用录像机记录了下来。随后,法国图卢兹大学生物运动研究中心的生理学家卡罗尔·塔夫林分析了录像带。他发现那名接受了舞蹈培训的志愿者表现得要好一些,身体的协调性和对姿势的控制都比较好。

系统的"太空芭蕾舞"训练方法

　　"呕吐彗星"上的实验结果极大地鼓舞了杜波依斯。从那以后,杜波依斯在水下、在蹦床上、在墙壁上、在客机上又试验了许多动作,试图找出什么类型的动作是航天员所需要的,什么样的舞蹈培训才能对航天员有帮助。1999 年,她把自己的经验整理成了一篇融美学、科学和技术于一体的论著,由法国巴黎一家出版社出版。

　　现在,杜波依斯已经创造出一系列较为成熟的动作。她相信,这些动作能帮助航天员适应太空生活。她设计这些动作的用意很明确,就是强化航天员对身体定向和四肢位置的感知,帮助航天员了解每个动作会如何影响平衡。练习的方法有很多种,包括跳跃、弯腰、髋部和上体的旋转、腰部被附上重物后的步行,所有这些动作都能改变身体的重心。

　　按照杜波依斯的训练计划,航天员的培训最长要持续 18 个月。在训练过程中,她建议航天员每隔几天重复练习 30～40 分钟,每隔几个星期最好附加做一套临时的动作。所有这些训练也适合在水下进行。

开发"太空芭蕾舞"培训航天员

　　虽然各方对杜波依斯的这套理论褒贬不一,但是欧洲航天局最终决定进行一次尝试。2002 年 7 月,他们要求杜波依斯在 40 位学员身上测试她的训练方案,实验仍然在欧洲航天局的"呕吐彗星"上进行。目前,训练和实验的结果仍在整理之中,但是杜波依斯透露舞蹈培训对学员起到了良好的作用。

　　杜波依斯的主要目标是用自己开发出来的舞蹈动作培训航天员。为了实现这一目标,她正在与欧洲航天局进行洽谈。如果欧洲航天局允许她进行航天员培训实验,那么航天员很快将拥有一套全新的技术。不久的将来,当航天员再有类似于阿姆斯特朗的"人类的一大步"时,那步姿将会显得十分从容和优雅。

　　法国的舞蹈编导基特苏·杜波依斯认为,面对太空中的失重问题,航天员预先接受一些芭蕾舞培训,可能是最好的适应方法。她的建议得到了欧洲航天局的重视。相信不久的将来,航天员太空失重的问题就能得到最好的解决。

1.为什么人在地球上能判断上下,在太空却不能?
2.杜波依斯针对航天员太空失重问题提出了什么建议?
3.杜波依斯是如何具体实施她的计划的?

宇宙像个大足球

◆腾 月

根据对宇宙微波的计算，宇宙的外形像个大足球,可能更接近一个 12 面体,直径为 700 亿光年。

宇宙究竟有多大,是有限的还是无限的……一直在争论中。有些科学家认为宇宙是有限的,但多数科学家认为宇宙是无边无际的。近来法、美科学家的新探测表明,少数人的宇宙有限论,可能是正确的。古希腊哲学家亚里士多德认为,宇宙是球状、有限的,以地球为中心,行星和其他星体在以地球为中心的球壳上运行,并以不同的速度旋转。

一个由法、美科学家组成的合作科研小组,近来在英国《自然》杂志上发表文章称,他们证实了亚里士多德等人当年的猜测。根据对宇宙微波的计算,宇宙的外形像个大足球,可能更接近一个 12 面体,直径为 700 亿光年。他们得出这个结论,是依据美国微波导向性探测卫星提供的数据。这颗卫星对宇宙微波进行探测的结果表明,宇宙在形成之后,开始膨胀,一部分光子转变为微波。天文学家测出宇宙微波后,便绘制出宇宙微波背景图,再根据这张宇宙微波背景图,推测宇宙的形状。

科学家认为,如果宇宙是无限的,那么宇宙微波背景图中,应该包含着大大小小的波浪,然而并没有观测到任何波浪,这表明,宇宙是有限的。科学家强调,宇宙是有限的,但是这并不意味着人类可以冲出宇宙。法、美科学家把宇宙空间想像成是一个古怪、封闭性的球体,假如有一天,人们制造出了超光速的飞行器,越过这个球体的某一个角或边,然而,又莫名其妙地从那一头或那个边上进入了宇宙这个球体内。如果这个超光速飞行器,按照直线前进,最终还会回到起点。这其中有很深奥的物理学原理。

科学家还认为,宇宙具有"镜厅效应",也就是说宇宙像一个挂满镜子的大厅,厅里的所有物品,不仅都能在镜子里找到,而且可以找到其多个像。宇宙制造了空间无穷的假象,为同样的物体复制了许多图像,我们在地球上通过不同的途径,可以看到所有其他天外星系的图像。也就是说,从理论上来说,站在地球上可以看到整个宇宙。至于为什么天文望远镜不能看到全部宇宙,科学家说这只是光速所限罢了。

既然宇宙是有限的,像一个足球,那么它的球心在什么地方?是不是像亚里士多德说的那样,以地球为球心呢?这还是个谜。

其实,宇宙有限论是在观测的基础上提出来的,还不能作为宇宙形状的定论。至于宇宙之外是什么东西,这更没有人能看得到,也没有人能探测出。因为按照宇宙有限论的观点,人类的足迹和目光永远无法达到宇宙之外的空间。

宇宙是无边无际、无穷大的,这是以往科学家们的结论。但现在有科学工作者说:宇宙是有限的,像个大足球。究竟谁对谁错,还需我们不断探索。

1.最早提出宇宙有限论的科学家是谁?
2.为什么少数科学家认为宇宙是有限的?

人类对"外星人"的探索

◆张雅君

美国在 1972 年和 1977 年发射的"先驱者 10号"和"旅行者号"外星探测器,携带着地球人发给外星人的"名片"飞向太空。

科学家们普遍认为,浩瀚的宇宙空间中,与地球生态环境相似的星球应该有无数个,既然生命可以在地球上诞生、进化,也就可能在类似地球环境的其他星球上发生、发展,甚至会出现高等智慧的生命——地球人将他们称为"外星人"。这些具有高智商的外星人或许已经发出了足以到达地球的无线电信号……

20 世纪 60 年代以来,人类已经向太空进行了无数次的搜索。科学家不断地将射电望远镜的天线对着茫茫的星空，希望能捕获到来自宇宙某个角落的信息。1987年，美国的"百万波段外空阵列"射电望远镜开始启动，虽然它几次分离出了似乎带有某种特征的信号，但是，这些信号并没有重复出现。1995年，美国的"10亿波段外空阵列"射电望远镜启动，用它对整个星空扫描一遍历时6个月，但是仍未获得来自外星的生命信息。

"地球人"是那样的执着，不仅不断地搜索着外星人的信息，而且还不断地向未知的外星人发出自己的"名片"。美国在1972年和1977年发射的"先驱者10号"和"旅行者号"外星探测器，携带着地球人发给外星人的"名片"飞向太空。"先驱者10号"承载着的"地球人名片"是一块绘有图案的铝质标志牌。图中绘制有一对裸体的男女地球人，男人右手高举，表示向外星人致意；在他们的背后为"先驱者10号"的外形，图下方的10个圆圈表示太阳系，左起第一个为太阳，第4个为地球；从地球发出的一条曲线表示"先驱者10号"探测器飞行的轨迹；图中辐射状的符号表示地球人认识的物理学和天文学；左上边的两个圆圈表示地球上的第一号元素氢的分子结构。"旅行者号"则携带着115幅照片、55种语言问候、35种自然声音以及"地球之音"等声像唱片。遗憾的是，直到今天，地球人既没有找到任何地外生命发出的信息，也没有收到他们的回音。1998年，美国一家公司又宣布了一项惊人的计划，他们准备将450万志愿者的DNA封存，并录下主人的留言，准备将这些人类基因装载到火箭上，送入太空。

2001年11月，科学家通过哈勃望远镜，发现太阳系以外有一颗类似于地球的行星被大气层包围着。也许，它就是人类要寻找的外星生命的生存地……看来，地球人决不放弃寻找外星人的努力。

心灵体验　　浩瀚无垠的宇宙中有外星人吗？外星人是什么样的？是我们科幻片里看到的样子吗？这一切疑问，至今没有准确答复，因为人类对外星人的探索还没有结果。这篇文章用简洁、明快的语言历数了人类对外星人的探索。

放飞思维
1. 为什么地球人认为宇宙中有外星人？
2. 科学家为寻找外星人做了哪些具体工作？
3. 你相信宇宙中有外星人吗？

太空饭不好吃

◆梅小红

> 航天员在太空失重环境下,有两种吃饭方法:一种是像在地面上就餐,自己把食物送到嘴里;另一种是让食物飘在空中,人过去用嘴咬住它。

由于太空环境特殊,所以,给航天员提供的食品与我们的食品有所不同。据专家介绍,对于短期和中长期载人飞行,提供给航天员的主要食品是携带式太空食品。

携带式太空食品按加工类型、使用方法和具体用途一般可分为复水食品、热稳定性食品和辐射食品。复水食品实际上是一种低温干燥食品,食品干燥后体积、质量都很小,便于携带。这种食品包装袋上都有一个单向注水阀门,食用前要先注入一定量的水。热稳定性食品是经加热灭菌处理的软包装和硬包装罐头食品。辐射食品是经过放射线杀菌后的食品,这种食品不易变质。

此外,专家还为航天员提供一些特殊食品。例如,当飞行器发生故障时,航天员到舱外长时间维修,这时航天员必须穿上带有应急食品的航天服。这种食品通常是用铝管包装,放在头盔颈圈内的供食器中,呈固体或半固体状态,也可以是流质食品。这样,航天员在舱外活动时,也可以吃上可口的食物了。

航天员在太空失重环境下,有两种吃饭方法:一种是像在地面上就餐,自己把食物送到嘴里;另一种是让食物飘在空中,人过去用嘴咬住它。吃饭时要闭着嘴,不能让食物残渣掉出来,否则食物残渣会飘在舱内,很难清除。如果残渣被吸入气管,就更麻烦了。喝水时也不能让水洒到舱内,否则,洒出的水也会漂浮在舱内,危及航天员和仪器设备的安全。所以,在太空中的饮用水都是密封袋装的,用软管或对着袋嘴挤着喝。

心灵体验

我国的宇航员杨利伟上天了,国人欢呼雀跃,但很少有人问他上太空后吃什么。读完本文,你就知道宇航员们吃什么了!

放飞思维

1. 太空饭有哪几种形式？
2. 航天员在太空中如何吃饭？

地球上的水从哪里来

◆海 生

> 整个地球上水的面积远远大于陆地，水的面
> 积约占 71%，陆地面积只占 29%。你可知道，地球
> 上那么多的水是从哪里来的吗？

整个地球上水的面积远远大于陆地，水的面积约占 71%，陆地面积只占 29%。你可知道，地球上那么多的水是从哪里来的吗？为揭开这个谜团，多年来，科学家进行了大量的考察和研究工作。寻找地球上水的来源很重要，因为水孕育了生命，找到水的来源，就有可能进一步揭开生命起源之谜。科学家虽然经过长期的考察和研究，但对水从哪里来的问题，还是众说纷纭。在这林林总总的说法中，有一点是共同的，那就是都把水的来源和地球的起源，紧密地联系起来了。在这众多的说法中，有代表性的是以下几种说法：

其一是"凝聚"说。持"凝聚"说法的科学家认为，原始的地球是一个充满水汽的大气团。经过漫长岁月，其中心部位首先冷却下来，凝聚成一个硬质的地核。而地球的外部，则天地苍茫，水汽蒙蒙。水汽慢慢地也"凝结"成雨滴下落，没完没了的倾盆大雨，使水天相连，真是一个水的世界，地球上的水就是这样来的。目前多数人同意这种说法。

其二是"排汗"说。他们认为在地球形成过程中，其内部隐藏了很多水，地壳岩石经过漫长的放热和火山作用，像人体一样往外"排汗"，也就是水从岩石缝隙中渗出来，成为地球上的水。

其三是"水球"说。他们认为地球原本就是一个水汪汪的"大水球"，原始地球从凝固成火山岩时起，岩石里面就藏了大量的原始水，至今地球内部的水仍是地球上所有水的 5 倍。后来，由于岩石慢慢风化、崩裂，藏在岩石内部的水流出来，成为地球上的水。这与第二种说法相似。

其四是"地外来水"说。他们认为是外星球带来的水，如地球的卫星——木星，它给地球带来了水汽，水汽凝聚成雨降到地球上，成为地球上的水。

然而,以上这些说法,其中都存在着很多疑问,难以定论。地球上的水究竟是从哪里来的,依然是个谜,等待科学家去揭示。

 我们都知道,从太空俯视地球,地球有70%的地方是水,那水从哪里来呢?读完本文,你就知道科学家们的说法了。

 1.关于地球上的水从哪里来,科学家们有哪些说法?
2.你认为哪种说法最科学、最合理?说说你的理由。

浅 说 地 震

◆李四光

地震,就是现今地壳运动的一种表现;也就
是现代构造变动急剧地带所发生的破坏活动。

地震能不能预报?有人认为,地震是不能预报的,如果这样,我们做工作就没有意义了。这个看法是错误的。地震是可以预报的。因为,地震不是发生在天空或某一个星球上,而是发生在我们这个地球上。绝大多数发生在地壳里。一年全球大约发生地震500万次左右,其中95%是浅震,一般在地下5～20公里上下。虽然每隔几秒钟就有一次地震或同时有几次,但从历史的记录看,破坏性大以致毁灭性的地震,并不是在地球上平均分布,而是在地壳中某些地带集中分布。震源位置,绝大多数在某些地质构造带上,特别是在断裂带上。这些都是可以直接见到或感到的现象,也是大家所熟悉的事实。

可见,地震是与地质构造有密切关系的。地震,就是现今地壳运动的一种表现;也就是现代构造变动急剧地带所发生的破坏活动。这一点,历史资料可以证明,现今的地震活动也是这样。

地震与任何事物一样,它的发生不是偶然的,而是有一个过程。近年来,特别是从邢台地震工作的实践经验看,不管地震发生的根本原因是什么,不管哪一种或哪几种物理现象,对某一次地震的发生,起了主导作用,它总是要把它的能量转化为机械能,才能够发生震动。关键之点,在于地震之所以发生,可以肯定是由于地下岩层,在一定部位,突然破裂,岩层之所以破裂又必然有一股力量(机械的力量)在那里不断加强,直到超过了岩石在那里的对抗强度,而那股力量的加强,又必然有个积累的过程,问题就在这里。逐渐强化的那股地应力,可以按上述情况积累起来,通过破裂引起地震;也可以由于当地岩层结构软弱或者沿着已经存在的断裂,产生相应的蠕动;或者由于当地地块产生大面积、小幅度的升降或平移。在后两种情况下,积累的能量,可能逐渐释放了,那就不一定有有感地震发生。因此,可以说,在地震发生以前,在有关的地应力场中必然有个加强的过程,但应力强,不一定都是发生地震的前兆,这主要是由当地地质条件来决定的。

不管那一股力量是怎样引起的,它总离不开这个过程。这个过程的长短,我们现在还不知道,还有待在实践中探索,但我们可以说,这个变化是在破裂以前,而不是在它以后。因此,如果能抓住地震发生前的这一变化过程,是可以预报地震的。

可见,地震是由于地壳运动这个内因产生的。当然,也有外因,但不是起决定性作用的。所以,主要还是研究地球内部,具体一点说,就是研究地壳的运动。在我看来,推动这种运动的力量,在岩石具有弹性的范围内,它是会在一定的过程中逐步加强,以至于在构造比较脆弱的处所发生破坏,引起震动。这就是地震发生的原因和过程。解决地震预报的主要矛盾,看来就在这里。

这样,抓住地壳构造活动的地带,用不同的方法去测定这种力量集中、变化乃至释放的过程,并进一步从不同的途径去探索掀起这股力量的各种原因,看来,是我们当前探索地震预报的主要任务。

地应力存不存在?我们一次又一次,在不同地点,通过解除地应力的办法,变革了地应力对岩石的作用的现实状况,不独直接地认识了地应力的存在和变化,而且证实了主应力,即最大主应力以及它作用的方向,处处是水平的或接近水平的。从试验结果看,地应力是客观存在的,这一点不用怀疑。瑞典人哈斯特,在一个砷矿的矿柱上做过试验,在某一特定点上的应力值,原来以为是垂直方向的应力大,后来证实水平方向应力比垂直方向的应力大500多倍,甚至有的大到1000倍。

构造地震之所以发生,主要是在于地壳构造运动。这种运动在岩层中所引起的地应力与岩层之间的矛盾,它们既对立又统一。地震就是这一矛盾激化所引起的结果。因此,研究力的变化,加强到突变的过程是解决地震预报的关键。抓不住地应力变化的过程,就很难预言地震是否发生。

本文作者是新中国地质学家。作者以简洁、朴实、通俗的语言阐述了地震与地质构造的关系，对于正确认识地震的成因，树立地震预报预测工作信心具有重要作用。

　　1.请给地应力下定义。

　　2.下面这句话成立吗？为什么？"地震是可以预报的，因为，地震不是发生在天空上或某一个星球上，而是发生在我们这个地球上。"

　　人,只要具有一颗玲珑慧心,就能参透自然界万物的一切玄妙。那么,放眼宇宙,何处不是人间仙境?何处没有科学财富?又何处不能托情寄意呢?

科学瞭望

叶子是翠绿的，

不必涂上绿色的液体；

花朵是火红的，

不必喷上红色的油漆。

太阳是光明的，

不必戴上珠宝的头饰；

真理是朴素的，

不必穿上锦缎的外衣。

水中石兽真会向上游

◆枕 书

纪昀认为，天下事，人们只知其一不知其二的多得很，我们思考问题，决不能依靠推理来妄加猜测。

纪昀(晓岚)的《阅微草堂笔记》是著名的清人笔记小说之一。蔡元培先生将它与《红楼梦》、《聊斋志异》鼎足并列为"清代三大小说"。《阅微草堂笔记》卷十六《姑妄听之》中，有一个河中捞石兽的故事，原文是文言，可能有些读者读起来很吃力，这里将故事内容介绍如下：

沧州南部有一座庙，位于河边。这庙年久失修，庙门倒入河中，门前一对石兽也一道沉于水里。过了十几年，庙里的和尚募了一笔钱重修这座庙时，想从水中捞起这两尊石兽，不料，河里没有。人们都以为石兽给水冲走了，弄了几条小船，带上铁耙等工具，顺流而下，找了十几公里远，连石兽的影子都没有看到。

石兽究竟到哪里去了？大家议论纷纷。

庙里住了位教书先生，先生听说下游没有找到石兽，便笑着对寻找石兽的人说，你们不讲究事物的道理，当然找不到石兽。它们不是小木片，怎么会被河中涨起来的水冲走？要知道，石头质地重，水底的沙松而浮，石兽落在沙上，愈久陷得愈深，十几年下来，现在深深陷入河底沙泥中。你们不去挖河底的泥沙，反而沿着水流向下去找，不是离石兽愈来愈远，怎么能找到？众人听了教书先生这一番话，都认为很有道理，打算按照他的意思去做，正要动手时，一名老兵听了先生的意见，也带笑说了一番他的大道理。

老兵说：凡是石头掉入河中，要找，必须向上游去找，不能往下游去寻。正因为石头坚硬、沉重，沙松而浮，水冲石头冲不动，但冲在石头上的水，反射回来，必定会将石头近处的泥沙冲走，久而久之，上端挨近石处便形成一坑穴，这坑穴愈久愈深，等到有了石头的一半深，石头必翻身倒入穴中；上游来的水，又在新的位置冲击石头，反射力又在近石头的上方形成坑穴，深及一半，石头又翻身倒入新的坑穴中；石头如此不停地朝上游翻转、颠倒，离原来的位置愈来愈远，于是石兽便逆流而上了。

人们听了老兵的话，照他所说去做，果然在几公里路远的上游，找到了原来那对石兽。

119

纪昀认为，天下事，人们只知其一不知其二的多得很，我们思考问题，决不能依靠推理来妄加猜测。

《阅微草堂笔记》中的这个故事，颇负盛名。有些中学语文教科书，将这个笔记列为学生必读的课文，不少报刊上的文章，在说明逻辑推理不一定完全可靠时，往往将这个故事作为论据。

近来，有人对纪昀这个说法表示怀疑。理由是石重水轻，无论如何，沉于水中的石兽，只可能顺流而下，绝不可能逆流而上。他们认为纪昀所说的这个故事，尽管很生动、有趣、很能吸引人，无奈事实绝非如此，石兽向上游，不过是文学家的幻想，客观上并不存在。

事实真的如此吗？寻找沉在河中的石兽，究竟应在上游还是下游？不久前发生在云南西双版纳的一件事，圆满地回答了这个问题。这件事的情节几乎与纪昀所记一模一样，即西双版纳有一条河中有两块大石，它们有一半露在水面。十几年前，有一块石头被人炸碎，另一块也随之失踪，大家都不知道这块未炸碎的石头到哪里去了。

十几年后，有人在离原地几公里的上游，发现了那块失踪了的石头，经核对，它确实是本来位于几公里外的下游那一块。它是怎么"游"上来的呢？

原来炸另一块石头时，这块石头的基础也被震坏，它丧失了屹立不动的根基。正如纪昀所说的水冲走石边沙的道理，在十几年的时间里，它逐渐地向上游翻滚了几公里路。它向上"游"时经过之处，留下了一道明显的沟，令人信服地说明，纪昀所记，确非虚言。这一有趣的自然现象，1980年4月当地的报纸作过详细的报道。这故事不仅教育我们如何思考问题，对从事水中打捞也有实际的指导意义。

　　文章写得生动有趣，但又表现了一个严肃的科学态度的问题。文章所举的纪昀的《阅微草堂笔记》中记载的事例和云南西双版纳的事例，典型真实，说理充分，令人信服。同时告诉读者：任何事情不能只看肤浅的表面，而应该看全部、看实质。只有这样，我们才能把事情办好。

　　1.教书先生认为在原地找的理由是什么？
　　2.老兵说到上游找的道理是什么？

黑暗之中显身手

◆培 智

微光夜视器材依靠夜天的微光照明,首先把来自目标的人眼看不见的光信号转换成为电信号,然后再把电信号放大,并把电信号转换成人眼可见的光信号。

自古以来,人类就渴望有一双能透视黑夜的眼睛。微光夜视仪的出现,使人类的这一渴望成为现实。充分利用夜晚微弱的光线,使我们能像白天一样地观察,这是微光技术的突出特点。

在现代战争的新闻报道中,人们常常可以看到一幅幅黄绿色的反映夜间战场状况的影像,这些精彩的报道就得益于微光技术。事实上,不仅在新闻领域,而且在军事、海洋勘探、水下救援、天文观察、公安监控、野生动物研究等等领域,微光技术也大显身手。机场、车站的行李检查设备,银行、医院和家庭等地方所用的昼夜保安、监视或监护系统中,也常常使用微光专业产品;大家所熟悉的电视类型的医用 X 射线透视检查系统,也应用了微光技术。

在夜暗环境中存在着少量的自然光,如月光、星光、大气辉光等,统统称为夜天光。因为它们和太阳光比起来十分微弱,所以又叫做夜微光。人眼视网膜的感光灵敏度不高,在微光条件下不能充分"曝光"。这是造成人们在夜暗环境中不能正常观察的一个原因。而微光夜视技术是如何达到"化夜为昼"的呢?

夜视技术是应用光电探测和成像器材,将肉眼不可视目标转换或增强成可视影像的信息采集、处理和显示技术。微光夜视器材依靠夜天的微光照明,首先把来自目标的人眼看不见的光信号转换成为电信号,然后再把电信号放大,并把电信号转换成人眼可见的光信号。这种光—电—光的两次转换乃是一切夜视器材实现夜间观察的共同途径。

在微光夜视器材中,图像增强器是核心器件,利用图像增强器将夜空中微弱的自然光,如月光、星光、大气辉光增强几百倍甚至数万倍,达到使人眼能够进行远距离观察的程度。黄绿光是人眼最敏感的波长。因此,这种颜色的荧光屏常常被应用到增像器上,这也是新闻报道中黄绿色图像的来由。

微光技术大大拓展了我们人类的视觉领域。它能弥补人眼在空间、时间、能量和光谱方面分辨能力的不足,而且能以人眼的自然观察习惯来显示图像,适合部

121

队夜间行动和作战。所以它一出现便引起各国军界的关注,成为夜视技术领域发展的重点。

微光夜视仪体积小、重量轻,而且由于工作方式是被动的,使用起来安全可靠,不易暴露。在星光条件下,可以观察到 800 米距离上的人员和 1.5 千米距离上的车辆。盲视型产品已经演变出可以佩戴在头盔上的个人微光眼镜。以前只有科幻影片中出现的道具,不久的将来会配备到每一名士兵。这种微光夜视眼镜不仅用来侦察和发现目标,还可接收上级的指令或者战场的重要信息。

电视摄像技术应用到微光夜视产品中,形成微光电视系统。微光电视的图像清晰,视距远,在良好的天气条件下,其摄像机的作用距离可超过 10 千米。微光电视的远距离传输图像功能使观察者不必亲临目标现场。微光电视还适用定向及定点观察,在对固定目标的监视以及对重要目标的警戒工作中,都发挥重要作用。

引领人们冲破黑暗的微光技术,在被预言为"光电世纪"的 21 世纪里,还将为人类作出更大的贡献。

自古以来,人类就渴望有一双能透视黑夜的眼睛。现在这个梦想终于实现了。这篇文章向大家详细介绍了引领人们冲破黑暗的微光技术。

1. 什么是微光技术?
2. 微光技术广泛应用于哪些领域?
3. 为什么新闻报道中反映夜间状况的都是黄绿色图像?

金字塔中的"现代科技"

◆ 司以明等

大金字塔的长度单位是根据地球的旋转大轴线的一半长度而确定的,即大金字塔的底是地球旋转大轴线一半长度的百万分之十。

如果说到底是谁建造了金字塔令我们迷惑不解的话,那么,金字塔本身涵盖的科技知识的广博更令我们赞叹不已!

因为金字塔与天文学、数学有着一种现代人难以理解的联系。

建造大金字塔的目的在于为整个人类确定一种度量衡体系。

大金字塔的长度单位是根据地球的旋转大轴线的一半长度而确定的,即大金字塔的底是地球旋转大轴线一半长度的百万分之十;

这座大金字塔同时确定了法寸的长度与公亩的边长;

人们可以从中找到 1 寸的长度,它与普鲁士的古尺相等;

大金字塔的重量单位或容量单位是以上述的长度单位与地球的密度组合而成;

大金字塔的热量单位是整个地球表面的平均温度;

时间的单位与一周 7 日的分法也在其中得到表现;

大金字塔为希伯来人所建,希伯来人生活在受神灵启示的时期和古代父系制时代。

另外,大金字塔内那间陈放法老灵柩的墓室,其尺寸为 2∶5∶8 和 3∶4∶5,这个数字正好是坐标三角形的公式。公式发明人是古希腊的哲学家毕达哥拉斯。而毕达哥拉斯诞生时,金字塔早已建好 2000 年。

还有,大金字塔的选址更颇有意味——子午线正好从金字塔中心穿过,也就是说它坐落在子午线的中间。这似乎可以窥见金字塔的建造者,为什么要选在沙漠中这块独特的岩石地带作为塔址。这片岩石地带有一道 V 字型的天然裂缝,正好利用它来建造巨大的陵墓。而且,金字塔坐落的地方,正好可以把陆地和海洋分成相等的两半。不是对地球构造、陆地和海洋分布了若指掌的人,是不可能选择这里作为塔址的,而古埃及法老们有这个能力吗?

越来越多的学者发现金字塔有着挖掘不尽的科学含义。1949 年一位德国学者提出,用金字塔的数学资料可以轻而易举地推算出地球的半径、体积、密度及各星球运行的时间,甚至男人女人的生命周期。当人们尚对此说瞠目结舌时,法国一位更前卫的学者在 1951 年提出了更加玄奥的问题:"大金字塔是否包含了原子弹的方程式?"

最后,在埃及更有惊人的发现,考古学家称金字塔内藏有外星人或生物。保罗·加柏博士与其他考古专家,对埃及金字塔的内部设计技术进行研究时,偶然发现塔内密室中藏有一具冰封的物件,探测仪器显示该物件内有心跳频率及血压显示,相信它已存在 5000 年。专家们还认为,冰封底下是一具仍有生命力的生物。科学家们又据该塔内发现的一卷用象形文字记载的文献获知,约距今 5000 年前,有一辆被称为"飞天马车"的东西撞向开罗附近,并有一名生还者。该卷文献称"生还者"为设计师,考古学家相信这外太空人便是金字塔的设计及建造者,而金字塔是作为通知外太空的同类前往救援的记号。但令科学家们迷惑不解的是,那外太空人如何制造了一个如此稳固、不会溶解的冰格,并把自己藏身于内?一般读者也许对唤醒这个冰藏外星人更感到兴趣。

埃及金字塔被人们称为"千古谜团"。本文的侧重点不在解谜,而在于向大家介绍金字塔本身涵盖的科技知识的广博。读完本文,你会对金字塔更了解,更喜欢。

1.第1、2、3三个自然段的重点词语分别是什么,其所涵盖的内容分别统管哪些段落?
2.在金字塔的"选址"上,有哪些与"现代科技"相关的内容?
3.现在返回去看文题,为什么现代技术四个字要加引号?

明天的太阳城

◆佚 名

太阳城,沐浴在太阳光下的城市,到处都是彩色的房屋,不需要为每天消耗的能源付费,这多么美好啊!

在不久的将来,德国将出现一座全新的城市——完全采用太阳能作为能源的太阳城。

在这座城市,到处都是蓝色的太阳能转换器,建筑物的房顶在太阳光的照耀下闪烁着蓝色的光芒。这里没有烟囱,没有油加热的装置,房屋的形状千姿百态,有的如彩色的金字塔,有的如正在生长的向日葵。这些房屋通过巨大的玻璃窗吸收太阳能,并如同瓷砖壁炉那样可在以后慢慢地将热量释放出来。

在房外安装有热交换器,在地下室里装有蓄能器。所谓热交换,就是将热量从热的物体传递给冷的物体。太阳光使太阳能接收器加热,热量通过热交换器被接收或转换而储存起来。

太阳城居民的生活方式会起新的变化。当太阳升起后,太阳能转换的电流就直接驱动洗衣机、冰箱、收音机、计算机等进行工作;由太阳能烧开的热水源源不断供应浴室、厨房。在多云的天气,这些太阳能转换器仍可接收到太阳能。在阴雨天,人们则可使用蓄能器中储存的太阳能。

在这座城市,太阳能几乎被用于一切需要能源的地方。人们做饭使用太阳能炉,一个功率约1100瓦的太阳能炉可把饭在几分钟内煮熟;人们出门驾驶太阳能汽车,或乘太阳能电车、太阳能轮船,尽管其速度不很快,但没有任何噪音。至于人们戴的手表,用的计算器,马路上的交通灯,工地上的安全灯,商店里的广告牌、霓虹灯,用的都是太阳能。

太阳城里不再有废气,太阳能汽车消耗的是干净的太阳能源或太阳能转换的电源。这些汽车上装着电池,当电消耗完时,开到"加能站"去补充能量,就像通常的汽车开到"加油站"去加油一样。只不过这些"加油站"没有通常的那种油罐,替代的是一个个电源插座,驾驶员只需把电池连接插头插到这些插座中就能充电。城市里不再有烟雾和怪味。太阳城,沐浴在太阳光下的城市,到处都是彩色的房屋,不需要为每天消耗的能源付费,这多么美好啊!因此尽管有很多难题,太阳能技术仍一直处于研究的热点中,无数的新工艺和方法也得到各种试验,德国也有企业开始出口某些太阳能系统,这些太阳能系统在阳光充足的地区特别有用。

可以预见,尽管要走的路还很长,但新型的太阳城一定会出现。

如今,科技的发展给我们的生活带来了极大的方便,但同时也给我们生存的环境带来了极大的破坏。本文介绍了一种既安全、又环保的能源——太阳能,如果有朝一日人类的生活生产全运用这种能源,那将是人类莫大的幸福。

1.请简述太阳城的主要特点。
2.一个家庭要利用太阳能,主要装置有哪些?
3.利用太阳能,有哪些优点?(请用原文中的句子回答)

闻名于世的青铜器

◆佚　名

> 司母戊鼎高 1.33 米,长 1.10 米,宽 0.78 米,重
> 800 多公斤,是目前世界上发现的最大的青铜器。

商朝的青铜铸造业高度发展,青铜器工艺十分精湛。青铜是铜、锡、铅的合金。商朝工匠已经能够根据对各种器物硬度的不同要求,调配铜和锡的比例。铸造钟鼎,锡占 1/6;造斧头,锡占 1/5;造戈戟,锡占 1/4。

青铜器的种类繁多,有礼器、饮食器、兵器、工具等数十种。最常见的有煮、盛食物用的鼎,饮酒用的爵等。青铜兵器有戈、矛、钺、镞等。青铜工具有刀、斧等,但数量不多,主要用于手工业生产;那时候,青铜是贵重金属,很少用来铸造农具。不少青铜器铸有装饰花纹,花纹以兽面纹为主,如虎纹、象纹、龟纹等,具有很高的艺术价值。

殷墟出土的司母戊鼎是商朝青铜器的代表作。

它形制雄伟,气势宏大,纹饰华丽,工艺高超,体现了庄严凝重的风格。司母戊鼎高 1.33 米,长 1.10 米,宽 0.78 米,重 800 多公斤,是目前世界上发现的最大的青铜器。铸造这样大型的青铜器,先要分别铸出部件,然后再合铸成为一个整体,工艺十分复杂,铸造时需要二三百个工匠同时操作,密切配合才能完成。根据测定,司母戊鼎含铜 84.77%,锡 11.64%,铅 2.79%。这三种金属的比例是比较合理的,它反映了商朝工匠的聪明才智。司母戊鼎于 1939 年在河南安阳出土。当时,日本帝国主义正大举侵略中国。大鼎出土的消息传出后,日军派人四处搜索,企图将它掠走。为了保护好这一珍贵文物,当地群众再次把它深埋起来。抗战胜利后,大鼎才被重新挖出。1948 年,大鼎在南京首次公开展出,立即引起轰动。司母戊鼎的复制品作为中国人民的珍贵礼物,现已被联合国永久收藏。

1986 年四川三星堆出土的大型青铜立人像,高 2.62 米,重 180 多公斤,是采用分段浇铸法制成的。青铜人像的眼睛很大,鼻梁直挺,耳垂穿孔,双脚赤裸地站立在方座之上。这是商代蜀文化的杰出作品。

高产量、高质量的青铜器折射出强盛国力的光辉,象征着那个时代灿烂辉煌的文明。

商朝的青铜器象征着那个时代光辉灿烂的文明。本文详细介绍了青铜器的有关知识,重点介绍了司母戊鼎。全文简短但涵盖的内容丰富。

1.从全文看,青铜器的主要特点是什么?

2.根据文中的提示,说说司母戊鼎的外形特征?

3.侵华期间,日军企图掠走司母戊鼎,还犯下了许多滔天罪行。请你写出 1931 年、1937 年日本帝国主义侵略中国的两个主要历史事件名称。

信 息 节 食

◆朱铁志

> 没有思想,就没有创造;没有创造,就没有人类的未来。从这个角度说,给思想留下空间,就是给创造留下空间,就是给我们的未来留下希望。

处在信息爆炸的时代,我们真的感到了为信息所驱使、所淹没的苦恼。读也读不完的书,看也看不完的报,使我们整天手不释卷,疲于奔命,依然欠下一屁股书债。望着日渐膨胀的书柜,总有几分莫名的惭愧和惆怅。虽说有些书本来是为了收藏的,但藏而不读的书正如存而不用的钞票,到底是一种资源,还是一种浪费呢?

应该说,信息发达是社会文明、人类进步的标志。作为思想的载体,信息是无形的财富,是战略的资源。但财富的巨大诱惑常常会让人沉溺其中不能自拔,过分膨胀的资源有时候会造成过重的负担。思想的屋宇如果被功名利禄的算计充斥,当然失却了思考的余地;思想的空间如果为种种杂多的信息霸占,使头脑和世事之间没有丝毫的距离,结果大概也只能走到思想的反面。

如今,即使是在信息不甚发达的中国,每天也有 2000 多份报纸、上百种图书在印刷机上滚动,单长篇小说,据说就已达到日产两部的速度。不要说读,哪怕翻一遍,恐怕也要有极快速度才行。大大小小的电视台,更以斑驳耀眼的色彩、五花八门的板块,时时考验着我们抵御诱惑的能力。更不要说小小寰球正日益成为地球村,密密麻麻的因特网,打鱼似的将我们一网打尽,使人们只能在它既广大又狭小的空间里挣扎。

信息时代造就了大量的"前卫"人才,同时也产生了批量的信息痴迷者。在电视机前打瞌睡、在报纸缝里觅趣闻,是这一代"文化人"常见的姿态。他们看起来倒也刻苦,但有点儿像伊索笔下那只犹豫不决的驴子,从一堆草料跑向另一堆草料,不知究竟先吃哪堆更好。不同的是,那可怜的驴子最终死在选择的不确定上,而我们多半要死在无力消化上。或者说,我们的肉体虽然没有被信息撑死,但精神早已丧失,与死去又有多大差别呢?

英国路透社下属一家公司,对1300名欧洲各国的企业经理进行调查,有40%以上的被调查者承认,由于每天要处理的信息超过他们的分析和处理能力,使他们的决策效率受到影响,调查人员认为,目前收集不少信息所耗费的成本已超过了信息本身的价值。据美国国际商用机器公司的测算,许多企业花费昂贵代价建立起来的数据库,只有7%真正派上了用场。仅在英国,由于信息过剩导致的工作效率下降,每年就要浪费3000万个工作日,折算下来,相当于30多亿美元的经济损失。

信息技术飞速发展,特别是因特网的迅速普及,使得信息采集与传播的速度和规模达到空前水平。据统计,近30年来,人类生产的信息已超过过去5000年的信息生活总和。汹涌而来的信息让人无所适从,信息过剩现象反映了知识经济时代在提供机会的同时所带来的问题和挑战。今年年初在瑞士达沃斯举行的世界经济论坛上,法国信息专家罗斯奈呼吁,要像节制午餐一样进行"信息节食",使自己真正成为信息的主人,而不是它的俘虏。

苏格拉底说过,未经省察的生活是不值得过的。我想套用一句:未经思考的阅读是没有意义的。美国人从今年4月22日开始发起"一周不看电视"运动,迅速得到31个州的州长和美国医生协会、小学校长协会、教师协会、精神病医师协会等团体的广泛声援。我以为,不仅电视可以适当拒绝,过多的低质量的报刊可以拒绝,甚至大量泛滥的普通书籍也完全可以拒绝。有些不良信息,如低俗甚至黄色的书刊、音像制品等还应坚决制止其生产和传播。吾生也有涯,学无涯。怎能让思想和生命在低俗的阅读中消解和浪费?没有思想,就没有创造;没有创造,就没有人类的未来。从这个角度说,给思想留下空间,就是给创造留下空间,就是给我们的未来留下希望。

心灵体验

毫无疑问,我们所处的时代是信息爆炸时代。但是不是所有的信息都有价值呢?回答当然不是。本文就在于告诉你如何科学地处理信息。

放飞思维

1.读2~5段回答,"信息节食"的原因有哪些?

2.读第7段,概括回答如何"信息节食"?

3.即使是有价值的书籍,也不可能完全地阅读,读了这篇文章,对你平时的阅读有何启发?

摩　擦

◆丁　一

摩擦系数大,两个物体表面之间就发涩而不容易滑动;摩擦系数小,表面之间就容易滑动。

摩擦是在日常生活和各科学技术领域里普遍存在的一种平凡现象。我们几乎每时每刻都在同摩擦打交道。在科学技术高度发展的今天,要举个例子来说明科学和技术的进步给我们带来的莫大好处,那还比较容易,但是,如果要你说说人们从摩擦这种自然科学现象中得到了哪些好处,有时候反倒不能立刻作出回答。因为摩擦早就成为人们司空见惯的现象,似乎已经被人们忘掉了。其实,它就像万有引力使我们没有脱离地球一样,有着普遍的意义。如果失去了摩擦力,就好像不存在万有引力一样:人不能行走,摔倒了爬不起来,放在桌子上的东西就会滑掉,书桌和饭桌也都跑动起来,火柴和打火机也不能用了,挂上闸停放着的汽车和火车都会开动起来,钉子和楔子一齐自行拔出,用螺丝拧不紧东西了。甚至可以说,连那珠穆朗玛峰也都是靠着岩层和石块、沙土之间的摩擦耸立于高空的。然而,现实的情况倒不必考虑摩擦的消失。这是由于包围着我们周围的大部分固体的摩擦系数既不是零,也不是无限大,总是在 0.2~0.5 这个范围,使我们的日常工作和生活在不知不觉当中总是适应着这种摩擦系数的大小。什么是摩擦系数呢?

两个运动着的物体,当它们碰到一起的时候,在这两个物体之间就出现摩擦的现象。这时候在两个接触表面之间呈现一种阻止运动的力,一般把这个力叫做摩擦力。物体在静止的时候,摩擦力最大。这个静摩擦力同物体的重量或者物体的垂直力之比就是摩擦系数。摩擦系数大,两个物体表面之间就发涩而不容易滑动;摩擦系数小,表面之间就容易滑动。一般光滑的固体表面,它的摩擦系数大约是0.25,换成分数是1/4,用分母表示物体的重量,分子表示需用的拉力。这说明要在这种固体表面上移动4公斤重的物体,就需用1公斤的拉力。只要知道了摩擦系数,工程师就能预先算出开动各种机械所必需的拉力。

体育运动中的摩擦现象是数也数不清的。像棒球的投球手投出的变化球,全是靠手和球之间的摩擦变换出来的旋转劲头,所以投球手为了产生充分的摩擦,经常留意把球擦干净。田径赛中的掷铁饼、掷标枪、掷铁球、撑杆跳等,都是借助于运动器具同手之间产生的摩擦作用。甚至于乒乓球的抽球,也是利用球拍和球之间的摩擦作用来变换球路的。

最普通的一个例子是人们走在马路上,碰巧踩着扔在马路上的苹果皮,不感到滑溜,可是一踩着香蕉皮就滑溜。这是怎么回事呢? 原来,香蕉皮里含有高黏度的液体,一踩着它,黏汁渗出来,在鞋底和路面之间形成黏性膜而引起打滑。那么,橡胶底比皮底更容易打滑,又是为什么呢? 因为皮底比较硬,难于变形,一踩着泥水,封住泥水的作用小,把泥水压向外部,使皮底接触路面而不容易滑溜;橡胶底因为容易变形,使得泥水留在变形的部位,似乎变成橡胶底浮在泥水上的情况,结果非常滑溜。

还有一个天天跟我们在一起,但不为我们经心的事情,就是纺织品或者布料的摩擦问题。比如说,椅子或者汽车座位的布料跟穿在身上的衣服料子之间摩擦系数小,就比较滑溜,坐不稳,坐久了常常要纠正姿势。供做高级椅子使用的罩布,爱用摩擦系数大比较厚的毛茸茸的材料,它的道理是考虑到了罩布与衣服之间的接触摩擦要大。同这个情况相反,有时特地选择摩擦系数小的材料。我们平时穿的制服上衣的里子要用滑溜的绸子,就是这个道理。

两根线捻到一起,扯拉时为什么有那么大的强度呢? 是靠纤维之间的摩擦积累在一起的结果。我们还有这样的经验,一旦沾湿,纤维之间的摩擦系数就会增加而变得更加结实。因此,用含有一定湿度的长纤维加捻做成的衣服是结实耐用的。现在用于宇宙空间不产生纤维尘的无尘服,就是根据这个道理做成的。

实践证明,木头与绳子之间的摩擦系数是相当大的,大约有0.3~0.4。驾驭马车的人和草原的牧民都知道,把拴马的缰绳在横木棍上绕上两三圈,绳头不打结,马绝对不会跑掉。这是因为绕了二三圈的绳子搭拉下来,绳头只要有半斤的重量,马要想克服缰绳和圆木棍之间的摩擦而挣脱缰绳,花的力气就要千倍于绳子的重量,那就要花二三百公斤的力才能使缰绳摆脱圆木棍。这个例子可以说是很

好地说明了摩擦的作用。

恩格斯在自然辩证法中说过"摩擦是缓慢的碰撞,碰撞是激烈的摩擦"。这说明两种物体相互接触产生的摩擦现象是一种缓慢的碰撞,而两个物体突然碰撞是一种激烈的摩擦现象。从这个意义上讲,地震可以说是一种激烈的摩擦。因为地球运动的变化,对地壳各部分岩层产生的巨大应力,使一些岩层发生褶皱变形。当地应力的作用逐渐加强,促使变形加剧,到一定程度就会在那里发生断裂错动,这实际上是一种激烈的摩擦现象。

从上面举的例子,可以看出平时说的摩擦指的是外部摩擦。摩擦首先要有表面存在,其次是要有表面接触,在这之后才产生摩擦现象。当然,个别的同表面无关的摩擦现象也是存在的。比如,用铁丝来回弯拧,过一会儿,经过弯拧的那部分铁丝就会变热,这就是一种同表面无关的内部摩擦。

不过,在考虑固体的摩擦现象之前,先理解一下固体和液体物质表面的概念是很重要的。这是因为摩擦现象总是离不开润滑现象的,最终总是以固体和液体的表面现象表现出来。

不少人可能有过这样的体会,端起茶碗喝水的时候,常常碰到茶碗在碟子上滑动。可是稍不留神,茶水洒出一点儿,茶碗突然变得不容易滑动了,这是什么道理呢?这与摩擦作用的大小有关系。在干的状态下,摩擦小;一弄湿,摩擦变大了,变得不容易滑动。这是因为平时使用的茶碗,总会在上面带点儿抹布的油腻。油腻有润滑作用而减小了摩擦,茶碗变得容易滑动。一旦弄湿了碗底,使油腻一类的东西浮了起来,碗底和碟子接触的部分因油腻消失而变得不容易滑动了。从这个小常识当中,可以理解到油在两个物体之间起着润滑的作用。

除了油之外,用空气代替润滑油使用的轴承已经诞生了。因为空气的黏度约只有油的千分之一。空气轴承的摩擦系数非常之小,而且不会像油那样将周围弄脏。由于空气黏度小,虽然不能施加太大的载荷,但是可以广泛地用于每分钟5万转甚至10万转的小型磨床、高级陀螺仪的转轴,以及忌脏的纤维、食品、电气部门等的机器方面。一些国家已经利用空气托起作为高速车辆的支撑方式。这就是气垫车。它是利用压缩空气,把车辆托起,使车辆不直接接触路面,以达到减小摩擦的目的。不过,在没有空气的地方就用不上。可是宇宙飞行用的火箭,在它的陀螺仪上,却使用着空气轴承,这是将液化气体装进氧气瓶里带上去的。

恩格斯认为史前的人在10万年前就发现了摩擦取火,摩擦在任何情况下都是产生热的一个源泉。古代人早就利用竹子或者木材的特殊摩擦法生火。他们使用着火点为摄氏300度左右的干木材,所以生火就不那么简单。尽管到了今天这样的科学文明时代,生火的原理并没有变化。比方说,火柴就是利用摩擦热来点火的。这是因为摩擦是使局部发生热来获得高温的最为简单的有效原理。目前摩擦热的应用已非常广泛。比如工业生产上常用的摩擦焊接和摩擦切削,都是应用摩擦热来进行的。摩擦焊接,就是用直径20厘米的软钢杆,把它加快到每分钟转一千转产生出摩擦热来焊接金属的。摩擦焊接在几秒钟里就可以使金属的温度达到1000度左右的赤热状态,完成焊接工作。摩擦切削技术,这是使用薄圆盘在高速转动的情况下,一边转一边碰到钢杆上,摩擦面的温度上升到使金属变为赤热的程度,继续摩擦就使金属熔化切断,这对于用锯或者刀具难于切削的硬质材料发挥了威力。摩擦产生的高温给我们带来了好处,也给我们添加了一些麻烦。像超音速飞机在飞行中同空气之间的摩擦,使机身和机翼的温度升到高达摄氏四五百度;宇宙飞船重新冲入大气层的时候,同空气之间发生的摩擦热,也能够造成火团而使座舱表面烧灼。这么一来,摩擦热的存在,又迫使人们研究新型的润滑油和摩擦材料,来降低摩擦系数,从而降低摩擦热的温度。低摩擦材料的研制就是根据这种需要发展起来的。目前使用的轴承,不管是滑动轴承还是滚动轴承,只要滴了油,它的摩擦系数就只有千分之二三。当然,滚动轴承对润滑油的依赖,不像滑动轴承那样高。可是不滴油还是不行。宇宙空间用的机器轴承就需要使用完全不滴油的低摩擦材料。现在已经制成了一种摩擦系数只有0.02左右的高分子低摩擦材料,叫聚四氟乙烯。继续研究的课题是使摩擦系数再降低一位数。正在研究二硫化钼、二硫化钨、氧化硼等粉末状的润滑剂,可以期待发展一种将这些粉末掺入高分子材料中制成新的低摩擦材料。

现代化技术的象征是速度,降低摩擦、减少机械的能量损耗,防止过热和烧焦等等,对于高速化来说是不可缺少的。但是在科学现代化的时代,不单要做到减小摩擦,在必要的时候,还需要有增加摩擦的智慧和技术。因为我们造就的速度,必须要由我们自己能够把它制止才行。否则,就无法对付不断发生的交通事故。忘掉了减速和制动的加速是危险的,现有的各种机械、车辆的大部分都是利用摩擦闸来制动的。这类摩擦闸的摩擦力只是与垂直力成正比例,这意味着与踩闸力的大小有关,只要加强踩的力,就能获得任意大的制动力。从而可以造就从高速转变为低速的制动力,使高速车辆的车轮或引擎于一刹那之间刹住。可见,对于制动摩擦的研究和摩擦闸的安全设计,为保证将来愈来愈提高的高速化技术具有特殊的意义。

除了摩擦生热外,古代人也早就知道物体相互摩擦还能产生电的现象。大约在2500多年前,发现了与毛织品摩擦的琥珀具有吸引轻小物体的本领。所以在希腊语中,琥珀这个词就有"电"的意思。大量事实证明,许多物质都同样地存在着由于摩擦而产生电的现象。可以认为存在于物质的摩擦电有两种,就是玻璃电和树脂电。用玻璃棒和毛皮摩擦产生的电,同用电木棒与呢绒摩擦产生的电是不一样的。把这两种电分别传给两个软木小球,这两个小球靠近时就互相吸引。假使只将其中一种电传给两个小球,这两个小球靠近时就互相排斥。这反过来又证实了"带同一种电的物体互相排斥,带异种电的物体互相吸引"的道理。当然,单纯接触也有产生电的情况,比如纸张互相摩擦几下也能产生电,汽车轮胎同路面摩擦以后,汽车底盘上也产生大量的电。

还有一种非常有趣的现象,在暗处敲碎冰糖或者撕破电绝缘纸带的时候会见到发光。用少量的硫化锌与二氧化硅、氧化锡、二氧化钛、硫化锰、硫化钡等熔合到一块儿,特别能发光。这种物体互相摩擦时发出的光,被认为是在晶体的破坏部分之间产生了摩擦电而引起的。

与摩擦形影不离的总是磨损,它实际上是固体的一部分由于摩擦而被除掉的一种减量现象。磨损的主要原因在于表面凹凸的交错,凸出的部分愈是尖棱,表面愈是粗糙,磨损量就愈大。这里出现了一个有趣的现象,就是两个互相摩擦的物体,如果硬度不同,倒是软的材料使硬的材料受到磨损。原来介于两个摩擦表面之间的第三物质,也就是研磨下来的粉屑,填埋到软材料一边的摩擦表面上固定下来,并且起到锉刀一般的作用,结果使硬材料磨损。

有时候人们对磨损很伤脑筋,如袜子由于磨损就破了,自行车轮带由于磨损要换新的,钢笔尖由于磨损会使字形变粗,精密机械的轴承和齿轮由于磨损而使精度降低等等。这些日常用具的磨损虽然给我们带来不小的损失,磨损现象也能给我们带来许多好处。大理石要经过磨损才能加工成形,红宝石也是靠磨损的技术研磨出来的,还有照相机镜头和高级精密器件等,都需要依靠磨损的技术。

摩擦有着有害的一面,也有着有利的一面。当了解了摩擦的种种现象之后,我们必须掌握摩擦的规律,在生产实践中更好地利用摩擦有利的一面,尽量减小摩擦有害的一面。需要的时候,应该采取防止摩擦的措施。最近医学方面出现的人工关节已成为降低和防止摩擦的一个成功的例子。原来,人的骨骼像是一种联杆结构,是由接头连结在一起的。接头又像是一种特殊的轴承,它的摩擦系数特别小。比如,股关节和关节液的摩擦系数平均只有8‰,可以说是特别低。这种低摩擦系数是在低速下动作的摩擦系数。如果把目前摩擦系数大多在3‰以上的机械轴承放慢速度到关节的程度,它的摩擦系数马上就会增加到10‰以上。这就说明人工关节不但动作慢,而且摩擦系数是相当低的。现在作为人工关节用的材料,供关节窝用的是聚乙烯系塑料,供关节头用的是钛合金、钴铬铜合金、高铬镍钼钢。相当于润滑油的关节液是含有分子量很高的多糖类。关键在于这些材料不被关节液侵蚀,而且也不允许磨损。因此,医疗用的人工关节就成为人们早就期待的永久轴承的先驱。

世界上研究摩擦尽管已经有 500 年的历史了，但是还刚到达可以利用各种摩擦性质的边缘，还有许许多多的摩擦现象有待研究，有待人们对这个自然科学现象进行深入广泛的探索。

这是一篇比较复杂的科技说明文，它主要是说明自然界中的一种物理现象——摩擦。全文有许多物理学术语，读时需仔细思考，细细琢磨。

1. 没有摩擦力的世界是一种什么样的世界？
2. 从哪些事例中可以看出摩擦有利的一面？
3. 从哪些事例中可以看出摩擦有害的一面？

前途无限的光导纤维通信

◆宋东生

光纤是传输光波的导体，用于通信的光纤，其透明度比制造望远镜的光学玻璃还要高得多，一般要求光纤的传光损耗每公里应小于几分贝。

通过无线电波，中央人民广播电台播放的节目，以每秒 30 万公里的速度传向四面八方；纵贯我国南北的通信大动脉——京、沪、汉同轴电缆载波通信系统，使沿线各大城市的长途电话实现了自动拨号；利用微波接力通信，不仅扩展了电报、电话和传真等多种通信业务，还使全国 20 多个省、直辖市、自治区都能同时转播中央电视台的节目。不久的将来，那种既能互相通话，又能同时看到对方形象的可视电话，将会应用在家家户户；遍布全国的电视网，将使人们像使用收音机一样，随心所欲地选择各种电视节目。这一切都要求通信系统的容量越来越大。大家都知道，通信容量和载波频率有关，一路电话大约要占几千赫的频带，一路电视则要占 10 兆赫的频带，虽然毫米波段的微波技术已可容纳几百万路电话和几十路电视，但还是满足不了通信事业发展的需要。现在，人们终于找到了一种特大容量的通信手段——光导纤维通信。

什么叫光导纤维通信呢？这种通信线路是通过光缆传输的。光缆用比头发丝还细的透明纤维制成，简称光纤。在光纤中传输的不是电信号而是光信号。光导纤维通信，就是通过光纤利用光来进行远距离通信。光也是电磁波，频率比微波要高几个数量级。从理论上讲，它可以同时传输上亿路的电话和千万套电视节目，展现了光通信技术的诱人前景。

其实，用光进行通信的历史已很悠久。古代的烽火报警，19世纪的手旗通信器，近代的信号弹，都是用光来传递信号的。但是，光作为大容量通信手段的研究，则是由于20世纪60年代激光的出现和近年来光纤制造技术的进步，才逐渐发展起来的。

光纤是传输光波的导体，用于通信的光纤，其透明度比制造望远镜的光学玻璃还要高得多，一般要求光纤的传光损耗每公里应小于几分贝。近年来，人们用超纯石英拉成的光纤，其传光损耗已经能小到每公里0.5分贝左右。这样的透明度，大约能看到50多公里以外的物体。

光是怎样能在弯弯曲曲的光纤中传输呢？物理实验告诉我们，光从折射率大的物质进入折射率小的物质时，如果光的入射角大到一定值，就会发生全反射。也就是全部反射回折射率大的物质中。光纤芯子的折射率要比其外层的大一些。这样，入射到光纤芯子上的光束就被"封闭"在光纤中，使信号从一端传到另一端。在实际使用时，每根光纤都还要加上塑料外皮，并组合成适于地下敷设或空中架设的光缆。

怎样利用光纤实现远距离通信呢？目前实用的光纤通信方式，是把声音或图像通过电话机或摄像机变成相应的电信号，再把这些电信号通过光调制器对光源进行调制(目前用的光源大多是半导体激光器或发光二极管)，使进入光纤的光产生与电信号相应的变化，并传输到远方的接受端，接受端再通过光电转换器件(如硅雪崩光电二极管或PIN光电二极管)把光信号还原成电信号，经过复用交换设备，分别进入相应的电话机或电视机中，"复制"出声音或图像来。如果传输距离太远，中间还要加一些光中继器，使光信号增强或放大，以补充它们在传输过程中的衰减。

光纤通信与历来的通信方式相比，有许多突出的优点：首先，其通信容量之巨大，是现今任何一种通信方式所无法比拟的；其次，所用材料的成本很低，可以节约大量有色金属。例如1000公里的同轴电缆大约要用500吨铜，而采用光纤通信，只需要几公斤的石英就够了。石英的原料是硅，而硅在地球上分布最广。另外，光缆体积小，重量轻，敷设方便，防腐防潮性能好，不怕电磁波干扰，不会泄漏信息和被窃听。

可以预料，将来光纤通信不仅会广泛应用在邮电部门，还将应用在军事、经济、科学技术以及文化和人民生活等方面。由于它的容量大，可用来进行超高速数据传输，建立灵活、高速的大规模计算机网和多路互通电视网，远距离传送图像等。由于它的抗干扰能力极强，可以解决超高压输电网的通信联络，使自动化遥控装置摆脱高压电干扰；应用在大型计算机、自动化系统和飞机、船舶、导弹等狭小空间的复杂系统中，可以避免电路间相互干扰而产生的错误动作。

光纤通信技术的发展前景是相当广阔的。人们预计随着光纤制造技术的进步、成本的降低，半导体激光器寿命的延长，以及集成光学器件的实用化，大部分甚至全部通信电缆将会被光缆所取代，光纤通信将成为视频信号传输的最有效手段。

科学技术的发展使人们的通信更加方便、快捷。本文所介绍的光导纤维通信就是这样一种科学技术，如今的人们已经享受到了它给我们带来的好处。

1. 什么叫光导纤维通信？
2. 光纤通信有哪些优点？试用文中话作答。
3. 光是怎样在弯弯曲曲的光纤中传输的？

半导体电光源

◆卫 明

由于半导体电光源体积小、电压低，安全性好，它可以安在天花板、墙壁、书桌、床头……

人类技术在电光源发展上经过了大致三个阶段：

以爱迪生发明的白炽灯泡为代表的第一阶段；

以日光灯、高压汞灯、高压钠灯、长弧氙灯、霓虹灯、各种节能灯为特征的第二阶段；

以半导体电光源为代表的第三阶段。

第一阶段中，人类只想解决电光源的有和无的问题，解决照明功率大小的问题,它的本质是寻找一种或几种金属(包括导电的碳)能够耐受高温,比如钨,然后通过电流,把电能变成热能和光能。这类电光源电能消耗大,效率低,大约只有5%左右转化成光,其余都作为热能浪费掉了。

第二阶段人类已经突破了灯丝直接照明的传统思维,引入了高压电场激发的场致发光理念。在高压电场下,汞、钠、惰性气体等都会发出各种色调的光。这类电光源比较侧重电光转换效率和节能。其光转换率能达到25%~50%。光色上也五彩缤纷。由于这类电光源节电效果明显,白炽灯几乎被全部淘汰。

就在应用场致发电原理的电光源称雄世界时,一种新的半导体电光源又悄然出场了。

半导体电光源的先驱就是大家熟悉的发光二极管。它的材料是砷化镓。电流通过经过处理的砷化镓时,几乎全部转换成光能,这种转换效率大大高于场致发光型电光源,比如日光灯。它还有一个大优点就是体积小,所需电压低,省去了大的灯管、镇流器(它是一种噪音源)、电子镇流器(它的使用寿命一般较短)。

说到底,半导体电光源的效率最高、最节能、寿命最长。

半导体电光源中的新秀氮化镓发光二极管“电灯”,要比普通白炽灯寿命长100倍,比日光灯寿命长15~25倍,它的发光效率相当于白炽灯的10~15倍,相当于日光灯的2~4倍。而它的体积非常之小,只相当于白炽灯泡的1/10,日光灯的1/50。

科学家和工业界人士认为,半导体电光源会引起一场照明革命,它每年的市场价值达500亿美元,几乎所有类型的“灯”都将被它取代。

氮化镓的光色是蓝光。这种光频率较高,效率也高,但不太适合居室家用。英国一位科学家在蓝色发光二极管上涂上了发黄光的荧光剂。蓝色和黄色叠加,就变成了白色,这种新型发光二极管就能适合日常室内照明了。

半导体电光源优点明显,但要广泛应用,取代目前的各种“灯”,也要解决两大难题。一是成本较高,价格昂贵;二是功率小,大功率半导体光源制作困难,花费大。然而这些困难都是可以克服的。由于能源日趋昂贵,节能就很有市场,一旦有广阔的市场需求,任何困难都能克服,看看电子计算机芯片的发展,就能明白这个道理。芯片功能提高,价格下降的摩尔定律,放在半导体电光源上也是一样适用的。

由于半导体电光源体积小、电压低,安全性好,它可以安在天花板、墙壁、书桌、床头……

总之任何地方,需要时集中打开一片,不要时让室内灯光柔和暗淡,用电脑直流调控很容易,这样又节省了许多电能(不仅节约了灯本身的电能,还节约了灯的使用方式电能)。

令人意想不到的是,发蓝光的氮化镓光源还会引起信息业的一场突破。正常的 CD、DVD 都用红色激光刻盘。蓝色激光的波长只有红光的一半。改用蓝色激光刻盘,密度大大增加,从理论上讲,蓝光盘的存贮容量是红光盘的 4 倍。然而,科学家估计加上其他因素,蓝光盘是红光盘的 10 倍。扩大一个数量级,在 IT 的存贮行业,会引发惊人的连锁反应。现在你常用的随身听 CD 机,将来可以直接装到你的耳塞机里了。

这篇文章向我们介绍了半导体电光源的有关知识。文章详细介绍了半导体电光源的原理、优势、发展前景等知识,读来令人大开眼界。

1.人类技术在电光源发展上经过了哪几个阶段?
2.半导体电光源有哪些优点?

塑 料 坦 克

◆王瑞良

海湾战争的经验表明,传统钢制坦克由于体积大、质量大、能耗高,加之其发动机吼声如雷,使得它很容易成为反坦克直升机的目标,越来越不适应现代战争的要求。

随着材料科技的迅速发展,一度是儿童手中玩具的塑料坦克,不久将出现在未来的战场上。由英国国防评估和研究局与维克斯公司联合研制的塑料坦克,已经通过了实地测试,目前正在接受英国国防部的检验,预计不久即会装备部队,取代传统的钢制坦克,从而带来一场陆地战术的革命。

海湾战争的经验表明,传统钢制坦克由于体积大、质量大、能耗高,加之其发动机吼声如雷,使得它很容易成为反坦克直升机的目标,越来越不适应现代战争的要求。正是为了改变这种情况,英国当局研制了这种轻型塑料坦克。

名为"改进者"的这种新型坦克,车身由环氧树脂和玻璃纤维制成。与传统的笨重钢制坦克相比,它有许多明显的特点和优点:

一是重量轻、速度快、机动性强。这种坦克重约 20 吨,比体积差不多的"勇士"战车轻了 10 吨,因而它可以由直升机迅速空运到交战地区。重量的减轻,得益于将庞大的燃油发动机改换成电动马达,并且采用了塑料装甲材料。它的电池可以由蓄电池或小型柴油发电机充电,并且能将电能贮存在一个巨大的飞轮上,使坦克不用开动电动马达即可行进,最高时速可达 80 千米,大大增强了在野外的机动性。

二是安全性大大加强。"改进者"完全利用隐形技术设计制造。它的电动马达开动起来几乎听不到声音;它厚实坚固的塑料车身外表涂着一层聚合物涂层,大多数雷达都无法探测到它,而且涂层的颜色还可以随周围环境变化,用肉眼很难发现它。即使暴露了目标,它也很难被摧毁,因为任何攻击它的导弹,都必须先通过坦克周围的电磁场,而坦克的电磁场发出的强大脉冲,会干扰敌方的电子装置,引爆导弹,使其完全丧失攻击性。万一真有导弹穿过电磁场而击中了坦克,那么防护它的还有车身的坚硬装甲。这种装甲是由一层层复合加强塑料构成的,其坚硬程度与金属相比毫不逊色,足以抵抗高能量的爆炸和现代超高速子弹的穿透力。

三是由于车身轻、耗能低,大大减少了坦克在战斗中的燃料消耗,从而降低了对燃料补给车的需求。同时,在战场上,这种坦克一旦受破坏,塑料比钢更容易修复。这也是它受到欢迎的原因之一。

这篇文章向我们介绍了材料科技的新成果——塑料坦克。文章实实在在让人们感受到了我们所处的时代是一个科学技术大爆炸的时代,科技让人无所不能。

1.什么是塑料坦克?
2.塑料坦克有哪些特点和优点?

巨人族的英雄——钛

◆叶永烈

> 它拒腐蚀——大名鼎鼎的强腐蚀剂"王水"能
> 够吞噬白银、黄金,而对钛却无可奈何!

在广州街头,我曾看到高大挺直的树,盛开火红火红的花,远远看去像一团火焰似的,非常醒目。"老广东"说,它像披红挂彩的英雄,人们都喊它"英雄树",学名叫木棉。从那以后,英雄树给我留下了深刻的印象。

意想不到,在四川金沙江畔,也有这种英姿飒爽的树。不过,那里的人们称它为"攀枝花"。如今,攀枝花的大名,已经传遍全国。然而,它已不是花木的名称,而是地名。这地名是这么来的:在金沙江畔的荒山野岭之中,住着7户人家。那里长着一棵攀枝花,于是,人们就把那里喊为"攀枝花"。1954年,地质工作者在那里发现了宝藏。英雄的拓荒者们在那里开天辟地,建成了规模宏大的现代化矿区——"攀枝花"。

在这英雄们开辟的、用英雄树命名的地方,埋藏有一种英雄的金属——钛。

钛,当人们在18世纪末发现这种神奇的元素时,便以希腊神话中巨人族的英雄——泰坦(Titan)来命名它。在古希腊,"泰坦精神"就是勇往直前的同义词。

钛,确实是一种具有英雄气质的金属。

钛,银光闪闪,轻盈而又漂亮。

它拒腐蚀——大名鼎鼎的强腐蚀剂"王水"能够吞噬白银、黄金,而对钛却无可奈何!有人曾把一块钛片扔进大海,5年后取出来,依然亮光闪闪的,没有一星半点锈斑。

它不怕火——俗话说:"真金不怕火"、"烈火见真金"。其实,金的熔点不过1063℃,而钛的熔点高达1668℃,比号称"不怕"火的黄金高出600多度。当黄金早已熔化成液体的时候,钛仍在烈火中屹立。

它坚强——它的比重比铝稍大,比铁轻42%,而机械强度却比纯铁大一倍,比铝大三倍。

它有着广泛的用途,人们用各种各样的"桂冠"称颂它。"太空金属"、"空间金属"——钛,已经成为宇宙航行的重要角色。人们用这种轻盈而结实的金属,制造宇宙飞船的船舱、骨架、推进系统,制造火箭、导弹发动机壳体。如今,有的超音速远程截击机用钛作为主要结构材料,占总重量95%,称为"钛飞机"。

人们称誉它是"新兴金属"、"时髦金属"——"钛坦克"、"钛潜艇"、"钛军舰"、"钛炮"、"钛枪"……种种"钛式武器",已经在世界上出现。由于钛耐腐蚀,在化工厂、造纸厂、制药厂、漂染厂、食品厂、电镀厂、炼油厂大受欢迎,出现了各种各样银光闪闪的"钛式设备"。

人们还赞扬它是"生物金属"——这是一项难以从字面上理解其含义的"桂冠"。有一次,我到上海异型钢管厂采访,看到一种剖面近似于梅花型的异型管,一打听,那不是管,而是钛管,定制单位是医院。原来,这是一种"人造骨",可以用来"顶替"人体中某些损坏了的骨头。钛耐腐蚀,对人体又无毒。更可贵的是,钛跟人体组织很合得来,肌肉会紧紧地与"人造骨"长在一起。这样,钛就得了"生物金属"的美称。

令人奇怪的是,钛,曾经有过一顶很不相称的"帽子"——"稀有金属"。这是因为人们在发现钛之后,想在大自然中寻找它的踪迹,然而,所获寥寥无几,于是便称钛为"稀有金属"。

如今,钛再也不是"稀有元素"了。攀枝花是一座"钛城"、"钛都"。据探测,攀枝花的钛的储藏量,占全国的 90% 以上,是世界上罕见的大钛矿之一,引起了世界的注意。

其实,那些英雄的金属,早在盘古开天之时,便埋在金沙江畔,一直到英雄的队伍高举红旗开到那里,唤醒了沉睡了千万年的英雄的金属。

啊,我赞美英雄的金属,赞美攀枝花——英雄树,我更赞美那些披荆斩棘、战天斗地、勇往直前的英雄。

本文是著名的科普作家叶永烈的一篇科学小品。全文用生动活泼、趣味性强的语言向我们介绍钛的有关知识。

1. 钛金属具有哪些显著优势?
2. 钛金属被广泛应用于哪些领域?

彩光针灸疗法

◆ 朱晓燕

> 彩光针灸疗法对治疗由于心情不佳而引发的疾病,诸如胃炎、肥胖、寒冷症、失眠、阳痿和秃发等有特效。

彩光针灸疗法是 15 年前由德国神经医学专家彼得·曼德尔发明的。它像针灸一样,先找出穴位,然后用一把带有 6 个玻璃灯头、颜色分别为蓝、绿、红、黄、紫、橘红色的电筒,直照那些敏感部位,通过电磁波来消除肉体上的痛苦。

彩光针灸疗法对治疗由于心情不佳而引发的疾病,诸如胃炎、肥胖、寒冷症、失眠、阳痿和秃发等有特效。这种疗法并非玩弄魔术或故弄玄虚,而是有其科学依据的。因为一些细胞在体内会释放出各种色彩,电磁波可使它们进行接触,并启动整个人体系统,使得细胞之间彼此感应,由此刺激全身。

通常,心绪不佳且长期处于恶劣的精神状态之下,便会影响细胞间的沟通,使肌体出现代谢失调现象,导致疾病。这也可以说是因神经短路而造成的肌体不正常。这六种颜色可以修正细胞传递间的错误信息,使肌体及其功能恢复正常,保证平衡。

彩光针灸疗法将身体分为三个系统。首先是内分泌系统,这主要与性问题有关。这种情况下应采用蓝色或橘红色治疗。内分泌疾病若得不到应有重视和及时治疗,就会影响第二个系统——皮肤,如起鸡皮疙瘩、呼吸不畅、引发炎症和发烧等,甚至会影响淋巴体。此时需采用黄色或紫色治疗。第三是较为严重的衰退症状,如溃疡、肌瘤和癌症。这时需采用红色和绿色来治疗,同时辅助以其他医疗手段。

彩光针灸疗法认为任何疾病都是与人的心理状态有关的,它能使那些损耗体能的精神症状很快消失,让病人在无任何疼痛的情况下,先解开心理疙瘩,起到针灸本身起不到的作用。

为此,我们有必要弄清各种色彩的不同效用。

红色象征火焰、活力、爱情和仇恨。它有极强的穿透力,对血液循环有较强的促进作用。它同时还是心、肺、肌肉的代表色,能使人变得充满活力,因此它主要针对血液系统流通缓慢的病人,以及炎症、皮肤病、慢性气管炎、哮喘、喉部疾病、贫血、冻伤等症。

蓝色意味着和平宁静和时空上的无限。它是一种冷色调,起松弛作用。负责产生身体各部位激素的垂体,即人体的内分泌系统就是蓝色。所以,腺疾病者要用蓝色治疗,另外,它对化脓、充血、某些心脏病、失眠,尤其是痔疮、瘊子有特效。

黄色能促进消化,改善神经和内分泌系统,适宜于治疗肝、胃、膀胱、肾脏部位的疾病。

绿色是大自然的颜色,它有镇静和松弛作用。可用于治疗支气管炎、溃疡、肿瘤、眼疾和糖尿病。

橘红色是一种象征幸福的色彩。它主要用于治疗疲倦、抑郁、懒惰、恐惧、四肢乏力、心力交瘁等症,对脑硬化、动脉硬化疗效也很显著。橘红色具有开胃健脾的功效,故常用来治疗贫血症,对一般心脏病也适用。

紫色是与人的精神联系在一起的,它能通过人的种种表现捕捉到人脑的各种不同想法,它代表着人的智慧和灵感。通常在胳膊上治疗效果显著,它是治疗淋巴系统疾病的最有效方法。

尽管彩光疗法 10 多年前就已开始应用,但至今仍鲜为人知。不过它的神奇功效却引起了医学界的强烈关注和推崇。

　　　　彩光针灸疗法虽早已开始应用,却鲜为人知。作为一种医疗方法,它包含着深邃的科学道理。文章对彩光针灸疗法及其治疗作用作了简明扼要的解说,并分类说明各种色彩的不同效用。条理清晰,联系紧密。

　　　　1.彩光针灸疗法的科学依据是什么?
　　　　2.各种色彩各有哪些不同的效用?

看不见的光线——红外线

◆尹　明

　　　　粮食要是也请红外线给照一照,不但"身体"变得干燥了,而且隐藏在"体内"的虫卵和病菌也都被消灭光了,长期贮藏就不容易变质。

人们早就发现,平常总是蒙着白面纱的太阳光,原来是由七种色光组成的大家庭。要是让阳光透过一块三棱镜，就能揭去它的白面纱，露出真面目——一条非常美丽的红、橙、黄、绿、蓝、青、紫的彩色光带。可是，你知道吗？在阳光这个大家庭中，却还有不肯露面的成员。

意外的发现

1800年，英国天文学家赫舍尔，有一次把水银温度计放在太阳光透过三棱镜后形成的七色光带的各种色光处，发现温度计由于吸收了阳光的热量，温度升高了，而且从紫光端逐渐移向红光端，温度不断增高。原来各色光的热作用不一样，愈接近红光愈热。可是，当他把温度计移到了红光之外的暗区时，咦，温度计的水银柱非但不下降，反而上升了！当时，对于只晓得太阳光有七种色光的人们来说，这真是个出乎意料的发现。于是大家纷纷猜测：难道在七色之外的黑暗中还存在着什么东西吗？

后来，谜终于被揭开了。原来在太阳光中，除了可见光以外，还有一种我们肉眼看不见的光线。由于它是由赫舍尔在靠近红光的外侧发现的，因此就叫做红外线。

冬天，大家都喜欢晒晒太阳，因为阳光能给人带来温暖。你大概以为这全是可见光的功劳吧，也许你从来没有想到，太阳的热量主要还是由不露面的红外线带到地面上来的哩！怪不得赫舍尔把温度计移到红光外侧的红外线区域(暗区)时，温度反而更高了。

我要是讲，你的身体也在不断地发射着红外线，你一定会说："别开玩笑啦！"可这是千真万确的事实。不仅是人体，凡是具有一定温度的物体，如火焰、云雾、大地、墙壁、车辆、动植物等，都无时无刻不在辐射着红外线，甚至连冰也不例外。只是温度高的物体辐射的红外线比较强些罢了。大冷天，当你在炉子旁烤火时，就是因为有大量的红外线从炉里射到你身上，你才感到热乎乎的。

多能的"热射线"

红外线具有传送热的本领，因此它又叫热射线。不过，天然的或者经过一般加热的物体发射的红外线，就像没有经过驯养的野生动物不听使唤一样，变化莫测，无法控制，不能很好地为人类服务。现在，人们已制造出各种特制的红外线辐射器，如红外线灯等，能够辐射出已经被"驯服"的红外线，它正在帮助我们干不少的活儿。

早先，机器涂上油漆后加热烘干，都是请空气帮忙的。靠着热空气的对流，把热源产生的热,源源不断地送到漆层表面,再慢慢传入内层,使温度升高。用这种方法,不但干燥得很慢,而且由于内外受热不匀,油漆层往往会像烘山芋一样皮硬芯软,有时里面还夹杂着小气泡,影响了产品的质量。

红外线不仅有较强的热作用,还能穿过一定厚度的不透明物体,"钻"到物体里面去加热。因此,请它帮助烘漆是再好没有的了。例如,在汽车厂里就有一个桥洞样的大房间,房间顶上和两旁装了许多红外线灯。人们让一辆刚刚喷了漆的汽车缓缓地通过这个房间,当它从另一头出来时,车上的油漆闪闪发亮,已经烘干了,又快又好。

粮食要是也请红外线给照一照,不但"身体"变得干燥了,而且隐藏在"体内"的虫卵和病菌也都被消灭光了,长期贮藏就不容易变质。有些农作物种子经过红外线照射后试种,生长发育特别好。

现在,红外干燥越来越神通广大,像木材、药品、食品、纸张、纺织品以及电动机和变压器的线圈等等,采用了红外干燥,效果都比较好。

奇妙的"热眼"

无论你的目光多么锐利,对于红外线却无能为力。但奇怪的是许多动物倒长着"看"热的"眼睛"。例如,海洋里的深水乌贼,除了普通眼以外,在尾巴下部还有热视眼,能直接感受到红外线。还有像生活在美洲的一种大名鼎鼎的毒蛇叫响尾蛇,在它头部两侧的鼻孔与眼睛之间,也有极灵敏的"热眼"——红外线定位器,不仅可以觉察到鸟、鼠等温血动物身体散发出的微弱红外线,还能准确地测出它们的方位和远近。这种感觉器官的灵敏度非常惊人,竟能感觉到摄氏千分之一度的温度变化。怪不得在伸手不见五指的黑夜里,响尾蛇也能像闪电一样地捕捉一些小动物,美美地饱餐一顿。

你可能会羡慕这些动物的"热眼"吧!不过,人虽然没有天生的"热眼",但依靠自己的实践和智慧,已研制出一种人造"热眼"——红外探测器。它能吸收红外线并将它变成电信号,通过电子设备放大和处理后,在仪表上显示出来。这玩意儿可真灵啦,就连极微弱的红外线也逃脱不掉它的"搜捕"。据测定,它比响尾蛇的"热眼"还灵敏几十万倍。目前,人们已请它担任各种"侦查工作",任务完成得还真出色呢!

"呜——"机车拖着满载旅客和货物的列车,缓缓驶进了车站。列车刚刚停下,检修工人就手提着半月形的新轴承,胸有成竹地走到一个轴箱跟前,迅速打开轴箱,唷,果然不出所料,里面的轴承正烫得厉害,需要调换哪!

这是怎么回事呢?原来,列车车厢的重量全靠轴承支撑着。在车辆载重高速行驶中,轴承和车轴之间由于机械摩擦或者润滑不够良好,会引起轴承磨损发烫,如不及时发觉和调换,将使车轴过热甚至烧断而出大事故。过去,列车一到站,检修人员就忙着用手去触摸一个个轴箱的温度来发现热轴,你想,要把长长的几十节车厢从头到尾检查一遍,这工作有多紧张啊!

现在可好了,铁路工人派出长着"热眼"的"哨兵"——红外线热轴探测器,在车站前方的铁路两旁"站岗"。当火车一经过,它就自动将列车每个轴箱表面温度的红外辐射接收下来,并转换成电脉冲信号,传送到车辆检修部门的值班室,报告每个轴箱的温度。值班人员立刻能判断出热轴在哪个轴箱,通知有关人员检修。

火对人类有很大贡献,可使用它得十分小心,稍一疏忽大意,引起火灾那可不得了,它就像一头发了狂的猛兽,在滚滚浓烟和熊熊烈焰中,一口"吞掉"人的生命和财产。为了尽快扑灭火灾,现在有一种装置"热眼"的红外火源探测器,能敏锐地感觉到火源辐射的红外线。就像边防战士带着警犬追捕罪犯一样,消防人员带着它冲进火场,可以在烟雾弥漫、无法看清四周情况的仓库和船舱中,迅速准确地"捕捉"到匿藏在十几米以外的"纵火犯",及时采取措施扑灭它。

配置上"热眼"的导弹就更妙了。它好比一颗颗长了眼睛的炮弹,自动跟踪追击尾部喷出炽热气体的敌机,紧紧咬住不放,说时迟那时快,只听得"轰"的一声巨响,就叫来犯的飞贼空中开"花",粉身碎骨。

这是一篇科普说明文,本文在说明人类肉眼"看不见的光线——红外线"时,给我们介绍了红外线的发现过程、特性及应用等方面的知识。文章条理清晰,说明方法多样。

1."红外线"得名的原因是什么?

2.把水银温度计移到七色光带中红光之外的暗区,温度是上升还是下降,为什么?

3.在《奇妙的"热眼"》一节中,文章介绍红外探测器,它的制造的理论依据是什么?红外探测器与红外线灯都是利用红外线的特性进行制造,它们的不同表现在哪儿?

不带燃料的飞机

◆向大国 王辉苹

> 科学家还试图用微波来驱动火箭，在当今的
> 火箭的重量中，燃料占了绝大部分，因此据专家计
> 算，微波驱动火箭可使发射卫星的成本下降 95%。

1987 年 9 月的最后一个星期的某一天，在加拿大渥太华郊外的一片杂草丛生的土地上，飞起了一架貌不惊人的飞机，但它却牵动着一个 20 年来的科学幻想：发明一架不携带巨大油箱和大量燃油而能在空中长时间飞行的飞机。这是一次实验飞机的试飞，飞机无人驾驶，翼展 15 英尺，它不带燃料，而是由地面发射的微波束向飞机的发动机提供能量。从理论上说，它能够不着陆连续飞行几天、几星期，甚至几个月，但是为了谨慎起见，"处女"试飞时，科学家只让它以每小时约 20 英里的时速，在几百英尺的高度上，做了短暂的飞行。

早在几十年前，科学家就用接力的办法长距离传输微波，再把微波转换成电能。在 20 世纪 70 年代后期石油危机时，美国政府为了减少进口石油，曾耗资 2000 万美元，研究用卫星网把太阳能转换成微波束发回地面，再转换成电能的技术。以后这计划由于石油危机的缓和而被搁置起来。但尽管如此，科学家仍然发明了把微波束向空间发射的方法。正在此时，加拿大通讯研究中心的研究人员乔·斯莱萨克及其同事也在寻找一种方法，以便能用一架长期盘旋空中的无人驾驶飞机来代替通讯卫星，把无线电信号和电视信号转播到边远地区，其结果就出现了本文开头所述的实验飞机。

飞机的微波束地面发射器大约只有公用电话亭那样大小，微波能由一个盘状天线发射到空中，微波接收器安装在飞机机翼和腹部，只要飞机在微波束范围内飞行，微波接收器就能源源不断地将微波能转换成电能来驱动飞机。这架实验飞机所需能量仅相当于微波炉加热食品所需的量。加拿大研究人员下一步计划是研制出翼展为 110 英尺的实用飞机，可在直径几百英尺(高度 13 英里)的微波场上空盘旋飞行几个月。

美国亦在加紧研制开发微波飞机。洛克希德的工程师已设计了一架翼展为 150 英尺，能携带 600 磅科学仪器的微波飞机，要求它飞到 70000 英尺高的大气层边缘，以便通过测定该处的二氧化碳浓度来研究温室效应。洛克希德的科学家还发现了微波飞机可以负担普通飞机不能担任的工作，例如可装备高分辨率的照

相机，飞行在比高山高、比卫星轨道低的"半空"中，用来侦察海边的走私者和非法渔船；或在一个州大小的范围内观察农作物生长情况，或监视森林火灾等。NASA（美国国家航空和航天局）和加拿大还探索了微波飞机的军事用途。

从理论上讲，微波飞机也可以载客。但是由于客机的航线距离较长，因此需要每隔100英里左右就要有一个地面发射站，即使是这样，根据科学家计算，在华盛顿和纽约之间，微波飞机所耗的费用，要比来回穿梭的普通飞机便宜得多。

科学家还试图用微波来驱动火箭，在当今的火箭的重量中，燃料占了绝大部分，因此据专家计算，微波驱动火箭可使发射卫星的成本下降95%。当然这将需要很强的地面微波发送器。

NASA 和加拿大已准备再投资 2000 万美元用来制造地面站和微波飞机。

心灵体验

飞机不带燃料而能在空中长时间飞行，这不是白日做梦吗？然而科学家正在把它变为现实，本文介绍了这方面的进展情况，读后令人感到新奇、振奋。

放飞思维

1. 文中的"处女"一词原意是什么？这里指什么？

2. 从文中看，要使微波飞机能够飞行，必须解决的两个关键问题是什么？

3. 从文中看，和普通飞机比较，微波飞机的优点是什么？

生物工程与人类的未来

◆谈家桢

生物学家就提出，要是能用细菌的蛋白质制造活的"生物集成电路"，就可以产生超微电路的"生物电子计算机"，它的运算速度将比目前最先进的微型电子计算机快 100 万倍。

在我们居住的地球上，到处可以看到生物的踪迹：北极冰块上有地衣，茫茫南极有企鹅。雄鹰搏击长空，巨鲸遨游大海。还有大象和参天的古树等许许多多动物和植物,还有在显微镜下才能看到的细菌、噬菌体……

为什么大自然是这样的五彩缤纷、千姿百态?吃着同样的草料,母牛生的是小牛,母马却只能生的是小马呢?原来,生物体内有一种叫基因的遗传物质,"父母"把这基因传给"子女",就会产生相应的蛋白质,组成一定的形态结构和生理特性,决定了这种生物的生老病死的历程。

科学技术的发展,在20世纪70年代产生了一门生物工程的新学科。生物工程就是对生物重新进行设计和创造,它的核心是基因工程。研究基因工程的科学家致力于把一种生物的基因,送到另一种生物的细胞里,让它在新的环境里"安家落户",大显神通。大自然用进化的方式几百万年才能办到的事,用生物工程的方法只要几天就能办成了。

生物工程将对人类未来社会展示美好的前景。它能解决能源、粮食、疾病和环境污染等重大问题。

鸡蛋的营养价值很高,可是母鸡生蛋的速度无法满足人们对鸡蛋的需要。如今,生物科学家别出心裁地让一种细菌——大肠杆菌来生产鸡蛋中的卵清蛋白,就是将鸡的卵清蛋白基因转移到大肠杆菌中,使细菌大量生产卵清蛋白。科学家还设想把一种产生肌蛋白的基因插入细菌中,以便得到一种吃起来像肉味的细菌制品。这种细菌将比猪和牛更快地生产出大量的动物蛋白,而耗费的"食料"却远比猪和牛少得多。到了21世纪,人们完全有可能把大象、河马和鲸等多种基因移植到猪身上,培养出一种无毛的大肥猪。这种猪的肉嫩、色鲜、味美,肥瘦程度可以根据人们的需要进行调整。

《西游记》中的孙悟空,可以把从身上拔下来的一把毫毛,变成一群机灵活泼的小猴子。生物的有些细胞和组织,也有类似的"本领"。科学家打算大规模培养各种家畜的不同组织,如生产清一色的动物肝、心和瘦肉等。

随着生物工程的发展,也许在21世纪的某一天,我们能为动物细胞增添植物的叶绿体。到那时,大地上将出现一种崭新的生物:它们能直接利用阳光、二氧化碳和水合成有机物质,根本用不着人工喂养和放牧。

到目前为止,大约有3000种之多的遗传病依然危害着人们的健康,连妙手回春的神医也束手无策。不过,现已查明,糖尿病、血友病、先天性心脏病和白痴等遗传病,是由于基因缺损或突变造成的,光靠药物很难彻底根治。生物工程的发展,使人们有可能把正常的基因送入病人的细胞中,从而使病人彻底摆脱遗传病的折磨。

一提起癌症,许多人都谈癌色变。生物学家经研究发现,这是由于细胞里的基因出了问题,使细胞胡乱分裂、疯狂生长的结果。现在已经发现好几种致癌基因。如果我们能制服这些基因,就可以驾驭病变细胞,使它们变成安分守己的正常细胞。到那时，人们将像忘却鼠疫那样，永远忘却癌症给人类带来的灾难。

生物工程还想与电子工业"攀亲"。近年来，电子计算机正在向微型化方向发展。例如用一块重量只有几分之一克的高精密集成块，代替几十万个晶体管。生物学家就提出，要是能用细菌的蛋白质制造活的"生物集成电路"，就可以产生超微电路的"生物电子计算机"，它的运算速度将比目前最先进的微型电子计算机快100万倍。

生物工程将在化学工业上继续大显身手。目前，用生物工程生产的化工原料除乙醇、丁醇、丙酮外，还有尼龙和香料的原料，以及生产涤纶、双氧树脂和合成洗涤剂的原料。科学家正在研究把蚕产生丝蛋白的基因，转移到细菌中去，使细菌能合成丝蛋白。这样，就用不着养蚕种桑，只要在发酵罐里便能得到廉价的"蚕丝"了。

生物工程准备为解决能源枯竭问题出把力。大家知道，氢的发热本领也很高。燃烧1千克氢放出的热量，相当于燃烧3千克汽油发出的热量。可是，怎样才能得到大量的氢呢？科学家希望借助基因工程制造出能将水分解成氢和氧的藻类。一旦这种藻类培育成功，人们就再也不用担心发生"能源危机"了。

生物工程在冶金矿产上也有用武之地。随着现代工业的发展，富矿不断耗尽，而贫矿、尾矿正在逐渐增多。如果从贫矿中再提炼金属的话，势必耗费很多的资金，又产生严重的污染。生物学家就用基因工程的方法，把具有特殊功能的基因引入细菌中去，培养出一些超级细菌再把这些超级细菌作为一种浸矿剂，就可以从矿石或矿渣中溶浸出有色金属来。生物学家还培养出对金和铂等贵金属有特殊亲和力的细菌，它能从三废中回收贵金属；或者能富集钠和镁的超级细菌，以便简化海水淡化的工序，使海水变成淡水，为人们征服海洋创造有利的条件。

总之，生物工程为人类的未来展示了美好的前景。

本文是一篇生物工程的科普说明文。作者用平实说明和生动说明相结合的方法，为我们介绍了生物工程将给我们人类带来的种种好处，为我们展示了美好的前景。

1.生物工程能解决人类的哪些问题？
2.生物工程将利用什么方法来治愈糖尿病、血友病、先天性心脏病和白痴等遗传病？
3.你还知道生物工程能为我们的生活提供哪些便利吗？

生命与气候

◆孙世文

> 大约 1 万年前,由于人类活动的显著增强,使
> 地球空气的二氧化碳含量再度升高;尤其是近百
> 年来,地球的温室效应愈来愈明显。

你能想到吗? 千百万年以来,地球的气候是由地球的两大生命王国——动物界与植物界的斗争所决定的。动物吸进氧气而呼出二氧化碳,植物主要吸进二氧化碳而放出氧气。二氧化碳为温室气体,因此可以立即得出结论:动物能使地球升温,而植物则使地球降温。如果哪一方占上风,那么地球就会面临温室效应或又一次严寒期。

5 亿多年前的"寒武纪大爆炸"时期,到处都是将二氧化碳释放到空气中的节肢动物,使空气中的二氧化碳含量高达今天的 20 倍,所以当时的气候极其温暖。

但是,植物进行了反击。化石显示,4.5 亿年前,含有木质素的植物首次出现,木质素使细胞坚硬,这样植物就得以长大,地球上出现了第一批树木。随着全球的植物大量生长,毫无约束的光合作用从空气中吸取着二氧化碳,使二氧化碳含量大大减少,而不能吸收木质素的、饥饿的节肢动物对此无能为力——地球进入了严寒期。

动物又通过进一步进化进行了回击,主角是白蚁和恐龙,它们学会了如何食用木质素,如何繁荣昌盛。它们粗重的呼吸及对植物的破坏使空气中的二氧化碳高达今天的 3 倍,地球大部分地区酷热而潮湿,又恢复了温室效应。

然而植物并没有被消灭。在 6500 万年前恐龙因为小行星的碰撞或其他灾难而彻底消失后,植物抓住了这一机会再次反击,突破点是第一批草地的出现。青草本身不会保存很多二氧化碳,但能形成软土,软土可以保存大量的二氧化碳,从而使空气中的二氧化碳含量降低。事实上,草地生态系统含有的碳比森林生态系统还多。

过去约 4000 万年来,大量草地布满全球,取代了许多年以前的森林地带。在草地的影响下,地球逐渐降温,终于在 200 万年前进入冰川期。

大约 1 万年前,由于人类活动的显著增强,使地球空气的二氧化碳含量再度升高;尤其是近百年来,地球的温室效应愈来愈明显。

也许，地球上的整个生物圈就像我们所熟知的生物个体调节其体内环境那样，不停地调节着地球的大气环境，使气候能适合地球上生物生存进化的需要。换句话说，地球的生物圈是在主动地调节环境，而不是在被动地适应环境。果真如此，数十亿年的气候变迁不仅仅是太阳或地球的原因，生物为了自己的利益也深深地参与其中了。

生活中每个人或许都有过这样的问题："我"从哪里来？在人类生产之前，地球是怎样的？读完本文，你或许会有许多收获。

1. 地球的气候是由什么决定的？
2. 生命与气候的关系如何？文章是如何一步步加以说明的？

神秘的海流——厄尔尼诺

◆丁 颖

海洋向大气不断提供着热量，海洋自身温度升高了，它提供给大气的热量就多；反之，海洋自身的温度下降了，它提供给大气的热量就会减少。

在太平洋东部的秘鲁海域，活动着一股神秘的暖海流——厄尔尼诺。这股暖流大约每隔几年出现一次，往往在圣诞节前后到来，秘鲁人称它为"耶稣之子"，也有人把它唤作"圣婴"。这些年来，这股原来并不起眼的暖流引起了海洋学家、气象学家和生物学家的密切关注。

鱼灾之谜

秘鲁利马以南的沿海，是富饶美丽的渔场。沿海的群岛上，栖息着成千上万只鸟，它们悠闲自得地生活在这里，靠的是什么？原来，秘鲁渔场产量非常高，大海提供了足够的鱼儿供海鸟吞食，大约每年被海鸟吃掉的鱼高达250万吨。

　　然而,1982~1983 年,这里却发生了一件异常事件。这一年,秘鲁亚卡俄沿海庞大的鱼群悄然失踪了;以鱼为食的海鸟失去了赖以生命的食源,不久也都死去了。原来生机勃勃的海滩上,顿时一片凄凉。渔民们无鱼可捕,鱼粉厂没有原料,濒临倒闭。不到几天,大量的死鱼和浮游生物布满了海面,海水变了颜色。腐烂的有机物发酵后产生了大量硫化氢气体,把海水搅得又脏又臭。渔场失去了往日的生气和繁荣,陷入一片死寂。

　　这一切究竟是怎么回事? 原因很快被查清楚了。原来,在这片冷水性的海域里,近些日子出现了一股活跃的暖流——厄尔尼诺,暖流突然涌来,使海水的温度一下子升高了 3℃~6℃。在暖流的突然袭击下,习惯于冷水中生活的鱼受不了啦,它们开始生病,不久便大量死去。鱼的可悲命运,使海鸟也跟着遭了殃,它们失去了鱼做食粮,不久也饿死在海滩上。

气候为什么发疯

　　奇怪的是,就在秘鲁发生鱼灾的同时,世界各地的气候也发生了异常变化。有的地方一年不下一场透雨,有的地方却水灾连连……

　　气候为什么会发疯?人们纷纷推测其中的原因。有人说,这是太阳黑子频繁活动引发的天气系统的变化;也有人说,这是因为地球上火山活动增多,在空中形成了经久不散的火山灰层,影响了气候变化……他们的推测虽然各有各的道理,但总让人觉得没找准真正影响气候变化的原因。

　　就在秘鲁发生那场严重的鱼灾时,研究天气异常的科学家们把注意力转向了那支被称做厄尔尼诺的暖流上。真是厄尔尼诺引起气候发疯的吗? 人们打开历史的案卷,结果真相大白。在档案里,气候异常的年份都记载在册,厄尔尼诺出没活动的年份也记录在案。以前人们没有研究过它们之间的联系,现在才发现,它们常常先后发生,竟然配合如此默契。

　　一支太平洋东部的赤道暖流,为什么能破坏大气环流的正常工作,影响气候的变化呢?

　　原来,浩瀚的大海是地球上温度和湿度的调节器,天气变化的主要原因是由于大气受热不均。海洋向大气不断提供着热量,海洋自身温度升高了,它提供给大气的热量就多;反之,海洋自身的温度下降了,它提供给大气的热量就会减少。海洋面积巨大无比,它对热的容量比空气大。要是把 1 立方厘米的海水降温 1℃,放出的热量足可以使 3000 立方厘米的大气温度升高 1℃。与此同时,海水是流体,海面的热可以传到深层,使厚厚的海水都来贮存热量。如果让全球海洋里 100 米深的表层海水降温1℃,放出的热量可供整个地球的大气增温6℃。

这么说来,厄尔尼诺这支小小的赤道暖流对大气环流的作用还真不小。它不仅会影响附近的天气,通过大气环流,还能影响到遥远的地方,牵动着大气舞台的风云变幻,真令人不安!

它在哪里

气候发疯的原因找到了,如果能在厄尔尼诺暖流将要出现的时候,预先发出警报,人们就可以有避开灾难的准备,那该多主动啊!可是,厄尔尼诺在哪里呢?它是一股出没无常、行踪不定的海流,人们只知道它大约每隔几年出现一次,但并不知道它出现的确切时间。

科学家们不断研究厄尔尼诺的形成原因,想方设法弄清它的活动规律。他们在各个不同的领域研究,从各个方面对这支暖流的形成提出不同的见解。比如有的科学家认为,厄尔尼诺的出现是由于地球上东南信风变弱的缘故;有的科学家则说,厄尔尼诺的出现与地球自转减慢有关系。

不久前,有两位美国地质学家提出了自己独到的见解。他们用声波定位仪,在夏威夷群岛和东太平洋一带的海底进行测量。通过对一些数据的分析,他们发现了这一带海底的一个秘密。原来,这里的海底蕴藏着很多火山,火山正在喷发大量的熔岩。巨大的热流体随熔岩的喷发,源源不断地涌入海洋,使海水的温度升高了。这种现象告诉人们,东太平洋一次又一次出现奇怪暖流——厄尔尼诺,很可能就是海底火山喷发提供了热量。

科学家们一直在密切地注意着这股暖流的动态,有信心揭开它的秘密,并准确预报它的到来,以减轻灾难性气候给人类带来的损失。

20世纪末,人们经常听到一个气象学名词——厄尔尼诺。它像个调皮的孩子,不知什么时候来,但一来,就给人类带来灾难,令人们大伤脑筋。但科学家们有信心揭开它的秘密。

1.“气候为什么发疯”这一小标题中,“发疯”指的是什么?

2.厄尔尼诺为什么能破坏大气环流的正常工作,影响气候变化?

3.试给“厄尔尼诺”下一科学定义。